90%的煩惱，說出口就會消失

言語化の魔力：
言葉にすれば「悩み」は消える

樺澤紫苑 ◎著
劉淳 ◎譯

高寶書版集團

目錄
Contents

第三章 化解煩惱的三個方法

目　錄
Contents

目 錄
Contents

第六章 能用語言表達，煩惱就會消失（言語化①）

目　錄
Contents

第七章 言語化的勇氣（言語化②）

目錄
Contents

第八章　採取行動煩惱就會消失（行動化）

目　錄
Contents

3 為了化解煩惱，請戒掉這些習慣 303

目錄
Contents

前言　煩惱是什麼？

你的煩惱可以解決。
而且方法還十分簡單。

在每天的日常生活中，許多人內心都有著某種「煩惱」。
本書能幫助你擺脫令人感到「痛苦」與「難過」的「煩惱」根源。

每四個人中就有三個人在煩惱

現代有多少人內心有「煩惱」呢？
我在自己的X平台（原推特，追蹤人數十三萬人）試著做過調查，我舉辦了一個投票，主題是「你有煩惱嗎？」（總投票數為一〇六六票）。

其中，「有煩惱」占七十五．九％，「沒有（嚴重的）煩惱」為二十四．一％。我很驚訝有四分之一的人回答自己「沒有煩惱」；不過，每四個人中就有三個人「有煩惱」，並且一直感到痛苦難過。

為了再次確認，我換了一個方式問問題。

這次的投票主題是「你能解決自己的煩惱嗎？」（總投票數為六三三票）。其中，「無法解決」占了七十七．四％，「可以（輕鬆）解決」為二十二．六％。有趣的是，前一個投票回答「沒有煩惱」的人，和這個投票回答「可以解決」的人，幾乎是一樣的比例。

換句話說，回答「沒有煩惱」的人，與其說是「神經大條所以真的沒有煩惱」，更接近「即使有煩惱也能自行解決」。

當我們能夠克服煩惱，就一定會「自我成長」，解決問題的能力會增加，能夠更輕鬆地克服之後遇到的「煩惱」。

這世上有七十五％「無法解決問題」的人內心有煩惱，明明感覺到壓力，卻只是茫然待在原地，沒有採取行動；另一方面，有二十五％的人會直接面對煩惱，快速化解，一步一步爬上自我成長的階梯。

每四個人中有三個人無法解決煩惱

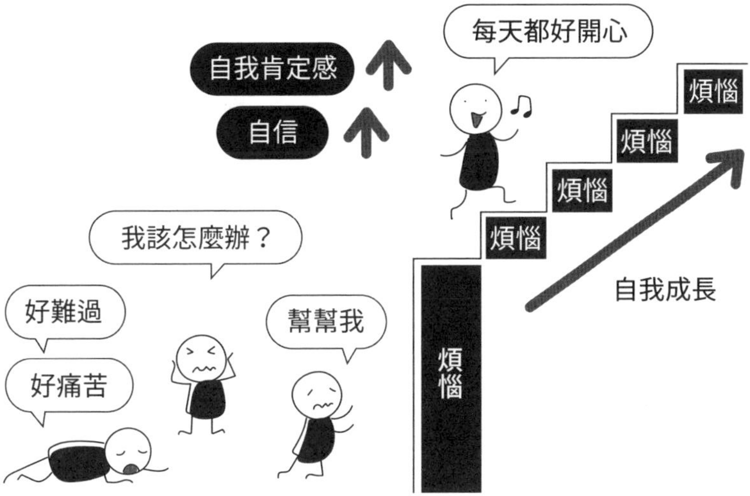

你有煩惱嗎？

投票數1,066票

你能解決自己的煩惱嗎？

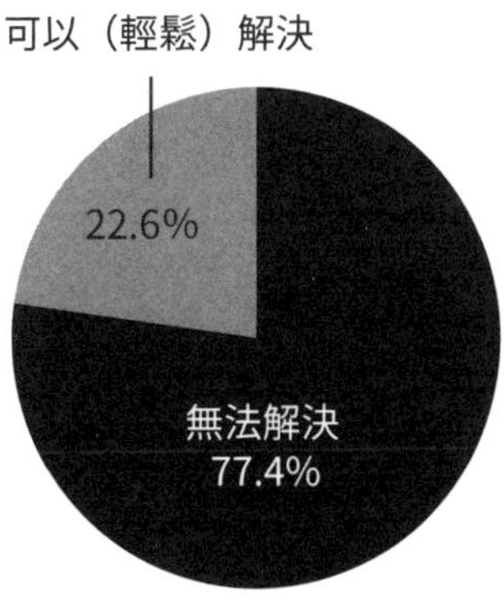

投票數633票

當我們培養出「化解煩惱的能力」，就能從日常生活大部分的「痛苦」與「難過」中解脫，無憂無慮地快樂生活。不僅如此，自我成長還能讓我們擁有自信，帶著積極正向的情緒度過幸福的人生。

「停滯不前」才是煩惱的本質

那麼，「煩惱」究竟是什麼呢？

辭典的解釋是「煩悶、苦惱、內心的痛苦」，再加上一點我自己的解釋，煩惱就是「面對困難又令人痛苦的問題，苦於『不知該怎麼辦』而無法前進，原地踏步，停滯在原地的狀態」。

我認為「無法前進」、「停滯」、「原地踏步」才是「煩惱的本質」。在臨床上診療時，我遇到許多主張自己「症狀沒有改善」、「疾病沒有好轉」的患者，因而有了以下的想法。

即使遇到困難，只要稍微前進，狀況就能改善，煩惱也能慢慢減輕。在原地踏步的狀態下，只要能前進一步，就是朝著減輕、化解煩惱前進。

只要化解「煩惱」就會變「輕鬆」

許多人都會因為各種原因而煩惱。如果你的「煩惱」能全部化解……內心就能一掃陰霾，從不安與擔憂中解脫，變得十分輕鬆。這該有多麼美好啊。

身為一位精神科醫師，我曾面對許多患者的煩惱，這些煩惱代表各種「難過」與「痛苦」。減少並改善這種精神上的痛苦，是我身為精神科醫師的工作。同時，精神科醫師或許也可以說是一種「傾聽他人煩惱」的職業。

我至今已經出版了四十本書，最近的著作重點放在生活方式，例如「健康生活」、「無壓力生活」、「幸福生活」、「快樂生活」等等，我的目標是告訴讀者如何具體實踐更好的生活品質。

另一方面，我也在 YouTube 開設了名為「精神科醫師・樺澤紫苑的樺 Channel」的頻道分享資訊，以一問一答的方式解答網友的「煩惱」與「提問」，目前累積了超過四千部影片。我的頻道開設於二〇一四年，才過了八年就已經累積到這種程度，令人不禁感慨。

除此之外，我還有雜誌連載與各地的演講，所有的活動都以「透過分享資訊預防心理疾病」為目標。

即使一開始只是微小的煩惱，若一直不去理會，就會愈來愈嚴重，引發「難過」與「痛苦」等負面情緒。

壓力的增加會使人無法應對，心也會因此受傷，造成心理疾病，當「無計可施」的狀態達到極點，失去對未來的期待而感到絕望時，甚至會選擇自殺。

如果大眾的「嚴重煩惱」有一大半可以化解，就能預防心理疾病與自殺。也就是說，罹患憂鬱症等心理疾病的人數以及自殺者的人數，應該都能大幅減少。這就是我身為精神科醫師的終極工作。

我懷抱著這個信念，每天持續更新 YouTube 頻道。

解答「四千個煩惱」後明白的道理

我上傳了四千部影片，也就是說，我回答了四千個「煩惱」。

四千是一個很龐大的數字，或許各位會以為我每天都會收到各種不同的煩惱提問，不過事實上，大多數人問我的都是「同樣的煩惱」。

每天我會收到三十個以上的提問，一個月就會累積超過一千個，不過其實九十五％的提問內容都相同，而我在過去的影片已經解答過了。

每個月我都要面對一千個以上的「煩惱」，而我認為人類的煩惱其實並不多，**事實上，幾乎所有人都為了同樣的事而感到煩惱**。

即使上傳了影片解答，不到三天又會收到一模一樣的提問。

無論我怎麼解答，大家的「煩惱」都沒有減少。

希望大家能輕鬆化解「煩惱」

歷經八年解答了四千個煩惱之後，我認為自己應該能夠簡單地分析人類的「煩惱」。因為我每天都會收到類似的提問，只要將它們一一歸類，就能用一本書來應對所有煩惱。

就這樣，當我與四千個煩惱纏鬥一番之後，發現煩惱可以用三個基準來分析。

只要使用本書的「三條煩惱軸線」，任何人都能瞬間理解並分析自己的煩惱，再由分析中自行找到今後應對煩惱的方式。之後只要按照這個處理方式採取行動，一一化解「煩惱」就好。這是本書的終極目標。

本書集結我身為精神科醫師三十年的經驗，以及 YouTube 上四千部影片的精華。請一定要好好利用它幫助你化解煩惱。

這一切都是為了改變你的人生。

第一章　不要解決煩惱！

首先，讓我們先試著理解「煩惱」。

現在你心裡有什麼「煩惱」呢？

「正在煩惱的人」有三個特徵與共通點。

若是理解這些特徵，就會找到「化解煩惱的方法」。

1 「煩惱」的三個特徵

◎特徵1：負面情緒「痛苦、難過」

正在煩惱的人，都會受到「痛苦」與「難過」等負面情緒擺布。當我們感受到「痛苦」、「難過」、「討厭」、「不安」、「擔心」、「想逃跑」、「想死」等負面情緒，就會充滿壓力。

舉例來說，朋友A笑著對你說「工作出了點狀況，真慘」。

A現在是否感到煩惱呢？答案是否。跟A談話的你也不認為他有負面情緒或正在煩惱。

如果不覺得痛苦與難過，就不是煩惱。

不過，當你面臨跟A完全一樣的問題而感到「痛苦」與「難過」等負面情緒時，那就是「煩惱」。

這裡的重點在於，「問題或麻煩」並不等於煩惱。想要化解煩惱，並不需要消滅造成煩惱的原因（問題或麻煩）。

當你能笑著說「出了點狀況」，就相當於排除了負面情緒，九成的煩惱就跟已經化解了沒兩樣。

◎特徵2：不知如何是好「怎麼辦」

煩惱的人一定會這麼說：

「啊，怎麼辦？該怎麼辦？」、「我不知道該怎麼辦。」

換句話說，就是「不知道該怎麼處理狀況」。不知道應對方法的話，對於眼前的煩惱、困境與問題就無法採取任何行動。

無法化解問題的無助感，加上無法「控制」的挫敗感，往往會使人更加絕望與迷惘，導致「不知所措」的狀態愈來愈強烈。

如果眼前的問題只需要一個動作就能化解，那麼只要實行「應對方法」或「TO DO（該做的事）」，問題就不會再擴大，也不會令人不安。

舉例來說，你的下屬因為出貨問題惹惱了客戶，客戶揚言今後將不再履行合約，下屬正在抱頭苦惱「該怎麼辦」。

你詢問下屬「已經去跟客戶道歉了嗎？」下屬回答「還沒」。

「快帶著點心去道歉！」

聽到你這句話，下屬連忙前去找客戶賠罪。

其實這原本就只是一件小事。下屬因為慌亂而不知所措，當他知道「跟客戶道歉」這個應對方法之後，就能夠付諸實行。

心中有「煩惱」的人，因為不知如何是好而感到不安，陷入恐慌。如果能夠明確知道「應對方法」或「TO DO」，接下來就只需要採取行動。

得到改善狀況、化解困境的線索之後，我們就會看到「能夠化解」的希望，負面情緒也會減輕。

不過，如果明明知道該做什麼卻沒有採取行動，與其說是「煩惱」或「問題」，更接近「怠惰」。

只要知道「應對方法」，九成的煩惱就跟已經化解了沒兩樣。

◎特徵3：停滯、停止思考「無計可施」

人在感到無助或絕望時，往往會愣在原地不動，說自己「無計可施」、「無能為力」。這是因為不安的情緒造成的「停止行動」與「停止思考」。

也就是我們常說的「腦中一片空白」。

這是因為不安造成腦內過度分泌正腎上腺素，是生物學與腦科學的機制，與你的性格或能力毫無關係。你不需要因此而自責。

反過來說，**只要能稍微改善這種「停滯」的狀況，立刻就能消除無助與絕望感。**你會變得能夠「行動」與「動腦思考」，想出很好的點子或解決方式，一口氣著手改善「煩惱」、「問題」與「令人困擾的現實」。

好痛苦、好難過
好想逃
眞想死
精神上的痛苦

「煩惱」的特徵1：負面情緒

啊，怎麼辦？
該怎麼辦？
我不知道
該怎麼辦
無助感

「煩惱」的特徵2：不知如何是好

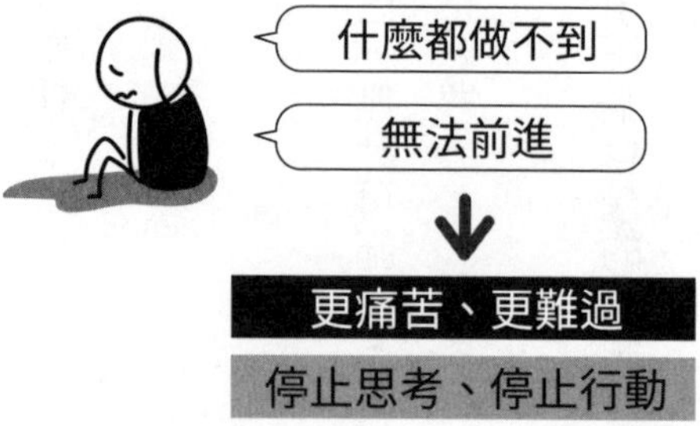
什麼都做不到
無法前進
更痛苦、更難過
停止思考、停止行動

「煩惱」的特徵3：停滯、停止思考

從「停滯」轉為「踏出一步」時，九成的煩惱就跟已經化解了沒兩樣。

2「煩惱」要慢慢化解

煩惱的原因很難消除

許多人在面對煩惱時都會追求從根本解決問題，試著消除造成煩惱的原因，希望一口氣把煩惱完全解決。首先，這種想法並不正確。目標設定得太高了。

煩惱就是因為難以解決才令人憂心，突然想要消除原因是不可能的，而勉強自己去做根本辦不到的事，當然會感到更加「痛苦」與「難過」。

前面的章節提過，煩惱的三個特徵是「痛苦」、「不知如何是好」和「停滯、停止思考」。也就是說，一旦知道應對方法、不再感到痛苦、事情稍有進展，它就不再是「煩惱」了。其實，我們並不需要「解決問題」或「消除原因」。

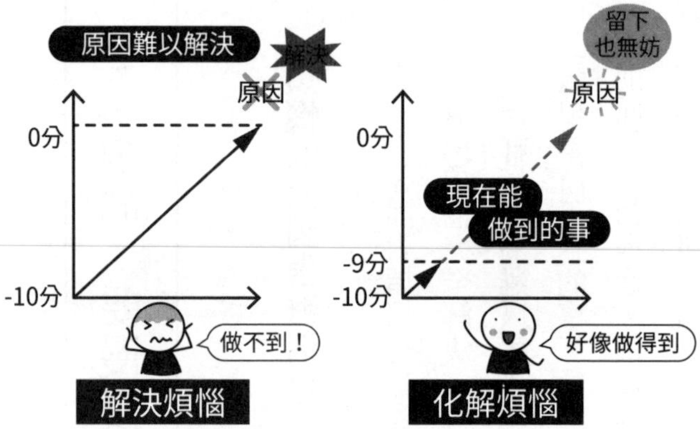

別解決煩惱，要化解它！

沒有必要為了化解煩惱而消除根本原**因。光是知道不需要改善原因，就能讓心情輕鬆許多。**

那麼，該怎麼辦呢？

一步一步從「能做到的事」做起就好，剛開始只要這樣就夠了。

你現在是負十分的狀態，很難藉由「消除原因」回到零分。首先應該把目標放在從負十分恢復到負九分。看到這裡，你是否覺得「好像做得到」呢？**只要能增加一分，我們就能感受到「一切會好轉」。**

這時，你也能夠明白自己已經擺脫了「無計可施的停滯狀態」。

接著再嘗試「從負九分進步到負八分」和「從負八分再前進到負七分」。

負面情緒會漸漸消失，狀況也會慢慢有所改善。

因此，本書不使用「解決煩惱」，而是「化解煩惱」這個詞。「解決」給人一口氣歸零的印象，在此必須再次強調，想一次做到是不可能的。我們應該逐步累積「做得到的事」，一點一點減少「煩惱」。每個人都有能力慢慢「化解」煩惱。

沒有必要解決造成煩惱的原因。**先留下它，在可能的範圍一件一件完成做得到的事情，這才是最重要的。**

無法改變主管，那可以改變的是……？

「我跟主管的關係不好，所以上班不開心。想到每天要去工作就很難受，好想辭職。」

職場人際關係是最常見的煩惱。

在這個案例中，如果要消除原因，解決方法只有「主管離開」或「自己離開」

兩種。如果主管不可能調職或異動，你就會被迫選擇「自行離職」。

這種極端的思考方式，只會造成非黑即白、不是零就是一百的不良結果。

若你想慢慢改善狀況並化解煩惱，以下都是可以想到的應對方法。

- 提升自己的工作能力與業績，提高主管對你的評價與信任（成為主管眼中能幹的下屬）。
- 提高報告、聯絡、商量的次數，改善溝通的質與量（改善你與主管的溝通）。
- 做一些讓主管高興的事（親切待人，藉由催產素分泌提高親密度）。
- 加強你與同事、下屬、後進的關係（藉由主管以外的人際關係來彌補）。
- 試著「消氣」，把令你難過的事說出來（發洩壓力與負面情緒）。
- 下班後去做點快樂的事（在工作之外增加生活樂趣）。
- 上健身房，運動流汗，減少壓力荷爾蒙（調整身心狀態、運動）。
- 早上出門散步，提高血清素分泌，穩定情緒（調整身心狀態）。

以上的幾種方法，都不是「改變對方」，而是「從自己開始改變」。

只要改變自己的思考方式與行動就可以了。

雖然主管是造成問題的原因，但改變主管的可能性很小，而你絕對可以用自己的意志「從自己開始改變」。**雖然「過去與別人無法改變」，但「即使人無法改變，人際關係也能改變」**。你還是很有可能擺脫與主管之間糟糕的人際關係，或是將它改善到讓你不在意的程度。

請不要「解決」煩惱。你該做的是除去內心的壓力、煩躁、不安，進而「化解」煩惱。

具體的方法有三種：改變觀點、言語化、採取行動。我會從第二章開始說明這些方法，在此之前我想進一步說明我們對「煩惱」的理解。

3 「煩惱」的三個好處

絕大多數人都認為「煩惱」是負面的、非常惡質的、令人恨不得立刻除之而後快的「心理異物」。

認為「煩惱是壞東西」的人，還會覺得「正在煩惱的自己」和「無法解決煩惱的自己」很沒用、很差勁，自我肯定感較低。這種思考會讓不安更加強烈，還會降低「工作記憶（大腦的作業區）」的效率，導致思考停止，徹底陷入煩惱的泥沼。

事實上，「煩惱」並不是完全負面的東西。

接下來會介紹煩惱的三個優點，幫助你試著改變「煩惱是壞東西」的刻板印象。

◎優點1：煩惱是「人生的辛香料」

田徑比賽有一個項目叫「障礙賽」。如果沒有障礙，這種比賽就會毫無趣味，也根本無法成立。

從出生到死亡，沒有人從來不曾煩惱。完全沒有煩惱的人生，其實是索然無味的。人生一定會遇到障礙。

重要的是別在障礙前面停下來，也別被它絆倒而受傷。

當障礙出現時，只要以順暢的節奏跨越它就好。不過，跨越障礙需要一些技巧。

本書的其中一個目標，就是告訴讀者如何處理並「無視」壓力與負面情緒，以及幫助我們不停前進的「心理韌性」（resilience），藉此跨越人生中的障礙。

如果沒有「煩惱」、「困難」、「問題」、「麻煩事」，人就無法成長。沒有困難也沒有憂慮，日子過得一帆風順的人生，其實相當無趣。

在披薩上淋上幾滴 TABASCO 辣椒醬，有畫龍點睛的效果，吃起來更加美味。但若是加了太多醬料，就會辣到無法入口，必須適度調整。

「煩惱」就是人生的辛香料。

為了讓你的人生更加有趣豐富，它是不可或缺的調味品。

◎優點2：煩惱是「心理的重量訓練」

心中有「煩惱」時，不妨想像成你正在做「心理的重訓」。

所謂的重訓，指的是利用日常生活不會背負到的巨大重量來鍛鍊身體的肌肉。若是重量不足以造成負擔，當然就沒有鍛鍊效果。「輕鬆」的鍛練無法練出肌肉。

而心中有煩惱的人，就是背負著「痛苦」與「難過」的重量。跨越這些重量時，我們就能大幅成長。

請想像角色扮演遊戲中的大魔王，雖然是很強的敵人，但打倒之後就能聽到勝利的音樂，還能得到「珍貴的道具」、「許多金幣」、「更強的武器與防具」、「大量經驗值」，主角也能進入下一個階段。

正因為經歷「辛苦」，人才會成長。只做「輕鬆」的事，是無法自我成長的。

這麼一想，「痛苦」與「難過」也是必要的經驗，當然值得歡迎。

當我們經歷的「痛苦」與「難過」愈大，得到的經驗也就愈多。

不做心理重訓，會變成玻璃心

這是一位經營公司的朋友告訴我的故事。

有一位一流學府畢業，在超有名企業任職的B先生，是所有人都認同的菁英，過著大家都羨慕的順利人生。

進入公司一個月後，B先生犯了一點小錯，被主管提醒。主管並沒有嚴厲斥責，只是稍微說了B先生幾句。

隔天，B先生沒來公司上班，也沒有請假。失聯一陣子之後，公司收到B先生寄來的辭職信。

社會人士在工作時，需要最低限度的心理強度。

這裡所說的心理強度指的是「心理韌性」。具有彈簧般的彈力，受到壓力時就能柔軟應對。然而，從來沒有做過心理重訓的B先生，心理脆弱到直接碎掉，等同於「心理骨折」。

經歷重大失敗、受到父母或老師責備、向喜歡的對象告白被拒絕……這些都是能讓我們的「心理韌性」變強的良性經驗。

再強調一次，「煩惱」就是心理的重量訓練。能夠跨越「痛苦」與「難過」，我們就能自我成長，也會擁有自信。這是真的。

「煩惱」、「困難」、「困境」、「痛苦的經驗」都是人生中絕對必要的「心理重訓」。因此，希望你不要逃避。

◎優點 3：煩惱是「成長的路標」

想要增強工作能力。
想要提升溝通能力。
想變成更好的人。
想變得更受歡迎。
想變得更有錢。
想變得更幸福。

多數的人都有這種積極進取的想法。然而，究竟有多少人知道為了這些目標，自己現在該做些什麼呢？事實上，很多人都不知道該從何開始，因此停滯不前，一直原地踏步。

這好比有一道阻止你前進的「牆」。當你能夠跨越這道牆就會「成長」，也就能實現「比現在更好」的目標。

我認為，成長就是「今天做到了昨天做不到的事」，或是「（比以前更輕鬆、

效率更好地）完成了一件新的事」。

當我們朝著「煩惱」邁步前進，一定會有所「成長」。

「煩惱」就是路標，指明了「你該前進的道路」。

跟隨路標，跨越幾個煩惱之後，你會成長多少呢？

「煩惱」會告訴你需要改善的地方

「煩惱」會與你的「缺點」、「短處」、「做得不好的地方」、「不完美」有所關聯。你「非常擅長的事情」當然不會成為煩惱的來源。

分析煩惱，就能看清楚自己，看見自己的弱點、不完美，有時也可以看出自己在逃避。

但是，我們沒有必要悲觀。不需要責怪自己的弱點，或是因此感到沮喪。因為在修正、改善後，你就能有飛躍性的成長。

「煩惱」會點出你的弱點和需要改善的地方。

很多人都會選擇別開目光，不正視自己的弱點與缺點。這是大家都有的自然心理現象。我們常常無法發現自己的弱點。而在面對煩惱時，這些「看不見的東西」就會自然浮現。

煩惱是讓你大幅成長的絕佳機會。不需要悲觀，也不需要沮喪。像障礙賽一樣，輕巧地跨越障礙吧。具體的方法將從下一章開始介紹。

第二章　分析煩惱的三條軸線

請不要把「現在有煩惱」和「我心裡有煩惱」當成負面的事件，也不須因此而悲觀。這是自我成長的大好機會。

因此，請不要被煩惱吞噬，你必須好好地自我分析煩惱。

「分析煩惱」乍聽之下很困難，不過，只要用接下來介紹的三條軸線分類，就可以輕鬆地完成自我分析。

1 控制軸：利用「可控感」讓煩惱消失

「無計可施」是最大的壓力來源

「我在無良企業工作，每天都非常辛苦，感覺自己的心要生病了。」

勞動環境惡劣，工作壓力大，每天都要加班……有人在這種無良企業上班三個

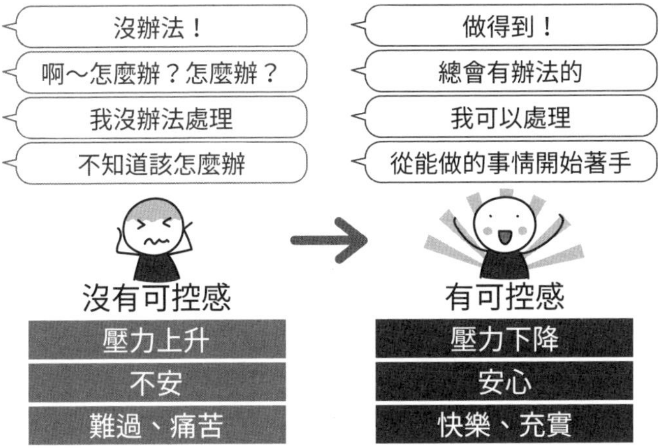

月就得了憂鬱症。另一方面，另一個人在同一間無良企業上班，工作內容與上班時間都與前者相同，工作超過三年依然平安無事。

這兩個人的差異是什麼？

答案是「有無可控感」。

事實上，得了憂鬱症的人，其壓力來源並不是忙碌，而是「自己無法控制」忙碌的工作安排。

「無法控制」的意思，就是「被強迫做自己不想做的事」。

具體而言，它包括了「感覺自己被逼迫，不情不願地工作」、「工作無法有思考如何做好的空間，必須完全按照別人說的做」、「做事方法跟手冊不同就會挨罵，被要求重做一次」、「沒有反駁或討論的餘地，無法發表意見」、「常常被打斷」、「沒有判斷權」、「時間規定太嚴格」、「墨守陳規，完全無法通融」等情況。

即使是同樣忙碌的勞動環境，只要擁有「可控感」，就能夠感覺到「開心」和「充實」。

可控感能幫助減少壓力

瑞典心理學家羅伯特．卡拉塞克曾針對什麼樣的工作會引發壓力以及如何減輕職場壓力進行研究，並發表了一份「工作要求－控制模型（卡拉塞克模型）」。

模型中的橫軸是「工作要求度」，縱軸是「工作判斷權（可控感）」，以此將各行各業的工作分成四種，請參照下一頁的圖。

左上是「判斷權高、要求度低」，代表可以用自己喜歡的方式進行不會太難的工作，心理負擔較小。右下的「判斷權低、要求度高」則表示工作難度高，且缺乏自由度，心理負擔較大。

接下來，右上是工作有可控感，能夠巧妙完成困難任務的人，屬於職場態度積

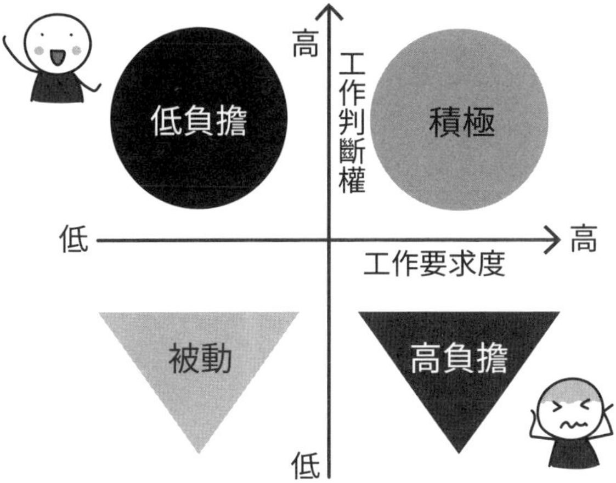

工作要求－控制模型（卡拉塞克模型）

極，學習意願與工作熱情都較高，較為充實的族群。

相反地，左下是單純而沒有可控感的工作，例如自動化生產線，或是家庭代工等單純且重複的作業，屬於較被動的工作，也較容易喪失幹勁。

以下再介紹另一個研究案例。

福岡縣的產業醫科大學曾耗時九年追蹤六千名以上的日本勞工，研究卡拉塞克模型與疾病罹患率、自殺率的關係。

研究結果發現，高負擔的勞工族群中風機率是低負擔的二．七三倍。此外，工作判斷權低的族群自殺率是判斷權高族群的四．一倍。

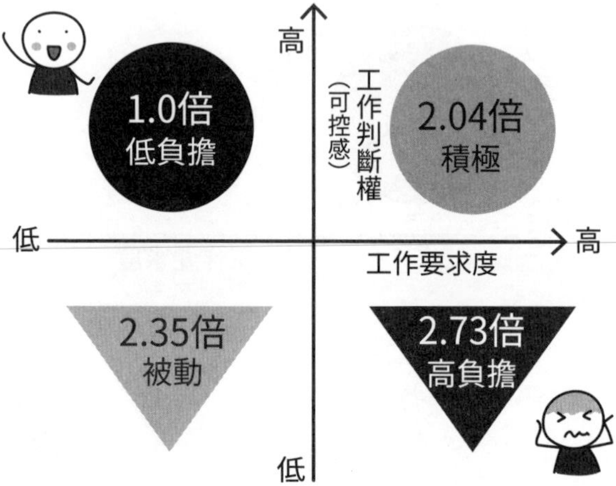

可控感與中風發病率

兩份研究都可清楚看出，有無「可控感」對身心有極大的影響。

這種「可控感」不限工作或產業種類，重點在於本人是否覺得自己「具有控制能力」。

即使是單純的家庭代工，只要你覺得「能在空閒時間一邊聽音樂一邊開心完成」，就不會感覺到壓力。

相反地，即使在工作上有判斷權，若是不擅長自己訂定計畫與目標，可能反而對「可以自由計畫」這件事感覺到「被逼迫」，導致壓力上升。

即使是同樣的工作內容與工作時間，只要擁有可控感，壓力就會減少，心情也會比較輕鬆。感到無法控制時，

壓力就會增加，心情也會變得沮喪、難過。

現在的你處於什麼狀態呢？

「總會有辦法」能讓你放下心中大石

「背了一千萬日圓負債，好想死……」

接下來，我要介紹一個能幫助各位清楚理解「可控感」的案例。

有一位五十多歲的男性C先生，和家人一起經營一間小公司，由於工作上的失敗，C先生背了一千萬日圓的債，精神也因此出現問題，後來與太太一起來到我的醫院就診。

C先生顯得十分憔悴，神色也很慌張，甚至還說出「我得在這個月拿出一千萬日圓，不然公司就會破產，也沒辦法養家。活下去也沒意義了，只能自殺用保險金來還錢」這種危險發言。

我問他「跟銀行談過了嗎？」他說「還沒有」，之前都是用自己的資金小規模經營，從來沒跟銀行借過錢。我建議他先跟銀行談看看，當天也並沒有開藥給他。

一週後，C先生前來回診時表情非常開朗，判若兩人。他說跟銀行談過後，銀行同意用房屋和土地擔保，向他提供一千萬日圓的貸款。

「雖然每個月都要還六萬日圓，但總會有辦法解決的！」

各位是否覺得不可思議呢？C先生背負一千萬日圓債務的事實完全沒有改變。跟一週前相比，負債連一日圓也沒有減少。

C先生因為「一千萬日圓絕對無法還清，做不到，真的沒辦法」而失去可控感，陷入恐慌，甚至說出要自殺。

不過，銀行同意融資後，根據還款計畫，「每個月還六萬日圓」就可以把錢還清。這時，C先生就因為「每月六萬日圓是付得起的金額」而找回了可控感。不安也在一瞬間就煙消雲散。

這就是「可控感」的力量。**即使沒有消除煩惱的根本原因，只要擁有可控感，我們就會覺得「總會有辦法」，精神上也會有餘力採取行動。**

當一個人說出「怎麼辦」、「已經沒辦法了」、「不行了，完蛋了」，代表他已經山窮水盡，但若能轉換想法，告訴自己「總會有辦法」，煩惱就會迎刃而解。

當你覺得「我做不到」，就會想死。
當你心想「我能做到」，心情就會輕鬆。

——樺澤紫苑（精神科醫師）

【煩惱分析法1】用數字掌握可控率

你的煩惱是可以控制，還是無法控制的？

我想，絕大多數的人都認為自己的煩惱無法控制，因此才感到煩惱。

用可能或不可能的二分法來思考，悲觀的人會傾向認為「不可能控制」。因此，我們可以用數值化的方式來思考可控率是百分之幾。

請試著想像，煩惱的可控率不是零或一百，而是像調整音響音量一樣，零到一百都是可能的區間。

如果你的煩惱「可控率是零」，確實是已經沒有辦法了。

若可控率真的是零，就連煩惱都沒有必要，只能放棄。

不過，如果可控率有一〇％，就可以藉由「改變煩惱的設定」、「改變觀點」將可控率提高到三〇％、五〇％，甚至八〇％。

接著，只要把精神集中在能夠控制的範圍，利用「應對方法」、「TO DO」，專注於採取行動，即使是較為嚴重的煩惱也能慢慢化解。

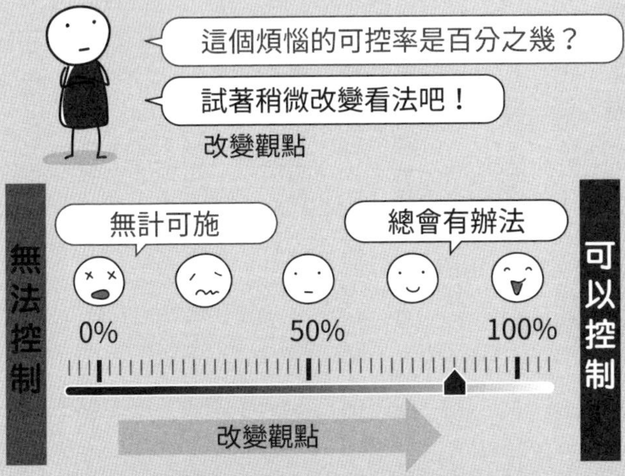

將不可控轉變為可控的提問

▼將「可控」與「不可控」的煩惱分開考量。

▼如果是「不可控的煩惱」，不如乾脆放棄。

▼如果是「可控的煩惱」，就慢慢增加它的可控範圍。

◎煩惱：明天要遠足，好擔心會下雨，擔心到睡不著……

首先，我們要先想想「擔心明天會下雨」的可控率是百分之幾。

你能做些什麼改變明天的天氣嗎？完全沒辦法。

也就是說，「明天是否會下雨」的

可控率是零。無法控制的事情，擔心不但沒有用，也沒有意義。

話雖如此，你心中仍然擔憂著「要是下雨了該怎麼辦」，因而感到不安，甚至無法入睡。

這時，請試著使用「改變觀點」的方法，「重新設定」你的煩惱。

◎重新設定後的煩惱：明天要去遠足，要是途中下雨該怎麼辦？

▼準備雨具（雨傘、雨衣）。

▼在鞋子和背包上噴防水噴霧。

▼準備一套衣物，萬一被淋濕時可以換上。

你會想到這幾個應對方法，這樣即使下雨，也不會被淋成落湯雞。

也就是說，其實這個煩惱有許多方法可以應對，可控率是百分之百。當你做好了事前準備，「不安」就會轉變成「安心」，今晚也能好好入睡了。

只要稍微改變煩惱的設定，可控率也會跟著大幅變化。

可控率低，代表「無計可施」；可控率高，代表這件事「總會有方法」。

當你即將陷入煩惱時，請先問問自己：「這個煩惱的可控率是多少？」

若是可控率較低，請先試著改變煩惱的設定，提高可控率。只要一個簡單的觀點轉換，「無計可施」就會變成「總會有方法」。

關於「重新設定煩惱」，本書一〇三頁有更詳細的介紹。

找回可控感的三個關鍵句

不知各位是否已經理解可控感的重要性了呢？

然而，我想還有很多人其實知道自己的煩惱是可以控制的，但卻無法採取行動，心中也還是會有不安與負面情緒。

即使知道如何應對，仍然無法擺脫不安。以下針對這種情況介紹三個「找回可控感的關鍵話語」。只要有意識地改變平時不經意的口頭禪，就可以減少煩惱。

1「總會有辦法」

這是我常常掛在嘴邊的一句話。

明天就是截稿日，怎麼想都不可能來得及寫完。我幾乎快要陷入恐慌，手足無措。這時，我會先告訴自己「總會有辦法」，接著回去繼續寫。如此一來，不安就會減輕，注意力也會非常集中，最後也趕上了截稿時間。只要說出「總會有辦法」，事實上就一定會有辦法。

或許各位會覺得很不可思議，但這在腦科學上是必然發生的現象。

人只要察覺到危險，大腦的「杏仁核」會瞬間亢奮，並發出警告：「現在很危險，要小心！」舉個例子，突然有什麼東西飛過來時，我們會受到驚嚇並躲開，這就是杏仁核發出警告帶來的結果。我在本書二八七頁會詳細說明。

對我來說，「趕不上截稿日」是很危險的狀況，因此杏仁核對我發出警告：「糟了，要來不及了！」我因此感到強烈的不安，幾近陷入恐慌。

另一方面，若我們把杏仁核當成一匹「不易馴服的馬」，那麼大腦的「前額葉皮質」就是能夠將杏仁核的亢奮降低的「韁繩」。

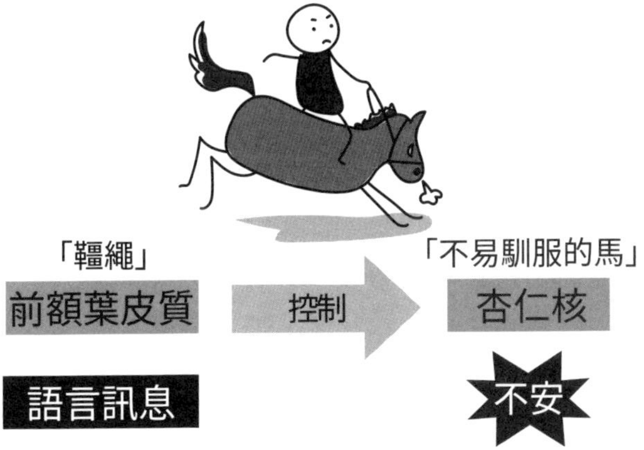

前額葉皮質具有思考、記憶、控制情緒等功能，是大腦的司令塔。

研究指出，當前額葉皮質對杏仁核發送「話語（語言訊息）」時，杏仁核的亢奮就會受到抑制。

從腦科學的觀點來看，「話語」具有平復不安情緒的效果。

當我們小聲說出「總會有辦法」時，語言訊息會讓杏仁核的亢奮程度下降，不安也會減輕。多說幾次，還會產生安慰劑效應（暗示效果），心情也會更加平靜。

話語可以改變人的情緒。

曾有人做過一個心理實驗。

將受測者分成兩組，一組在接受注射時喊

出「好痛、好痛啊」，用聲音來表達自己的疼痛，另一組則是忍耐注射的疼痛，不喊出聲。之後再測試這兩組人對注射疼痛的感受。

結果發現，與忍受疼痛組相比，表達疼痛組所感受到的疼痛減輕了五分之一。只是用話語表達出「好痛」，對注射帶來的恐懼、不安與壓力就能得到緩解。

「總會有辦法」是一句很樂觀的話，能夠減輕不安，讓人安心。反之，悲觀的話語會讓不安的情緒更加強烈。

之前提過，「心理韌性」是能夠幫助我們度過壓力的心理彈簧（心的柔軟度），目前已知樂觀的人心理韌性比較強。也就是說，我們可以藉由一句樂觀的話語，將「悲觀」轉變為「樂觀」，幫助自己與「壓力」和「負面情緒」抗衡。

沖繩方言有一句俗話叫「船到橋頭自然直」（なんくるないさ）。西班牙語則有一句「Que será, será」（希區考克執導電影《擒兇記》的主題曲，由桃樂絲・黛演唱，曲名就叫〈Que sera, sera〉。當時這句話也成為了流行語）。

這兩句話都有「總會有辦法」的意思。

無論是什麼都可以，只要有一句「自己的話」可以幫助你把悲觀轉為樂觀，找回可控感，你就不會在遇到危機時陷入恐慌。

2「做得到！」

有些人聽到「試著這樣做做看吧」的提議，會立刻回答「做不到」。千萬不可以說「做不到」。當你說出「做不到」的瞬間，就會打開「啊，我真的做不到」的迴路開關，大腦也會停止做出更多努力。這相當於關閉了大腦的斷路器。當然，「已經不行了」也有一樣的效果。

失去可控感的人，一定會說「怎麼辦」，不過，說出愈多次「怎麼辦」，只會讓大腦再度確認你現在處於「很迷惘」、「失去可控感」的危險狀態。這種危險狀態會讓杏仁核更加亢奮，不安的情緒也會更強烈。

即使內心真的覺得「做不到」，在面臨險境時，一定要試著說出「做得到」。**例如：「我做得到！」、「我是做得到的人！」、「只要去做就做得到！」、「一定做得到！」**

接著，再想像「做好了！」、「完成了！」、「很順利！」時的自己。這種興奮的心情會讓身體分泌多巴胺。

多巴胺是「設定目標」時會分泌的腦內物質，能夠提高注意力、集中力、記憶力，使工作效率突飛猛進。

此外，有些解說「正向暗示法」（說出積極的話語，對自己下達正面的暗示）的書籍主張，用過去式告訴自己「我做到了」，會比「我做得到」更有效果。

我認為這個說法是有說服力的。當我們說出「我做到了」的瞬間，會反射性地想像「做到這件事的自己」，身體也更容易分泌出多巴胺。

最近開始流行的「預先慶祝」，也是以目標已經達成的形式預先慶祝，跟剛剛提到的過去式一樣，這也是一種召集多巴胺啦啦隊的咒語，提高工作效率的效果值得期待。

說出「做不到」會關閉大腦的斷路器；說出「做得到」，大腦就會喚來多巴胺啦啦隊，為大腦的效率加油。

3「在可能範圍內一件一件完成做得到的事」

這是我在 YouTube 頻道上常常會說的一句話。

完全無法達成的「崇高目標」，其實是百害而無一利。因為我們只能做「做得到」的事。不管多麼努力，都只能「在可能範圍內一件一件完成做得到的事」。

「拚命去做做不到的事」會讓我們的心理生病，若是在運動領域勉強自己，也只會讓我們受傷，弄壞身體。

失去可控感時，小聲告訴自己「在可能範圍內一件一件完成做得到的事」，能讓我們回歸原點。如此一來，就能讓超速失控的自己踩下煞車。

令你找回可控感的話語

總會有辦法

船到橋頭自然直

Que sera, sera

做得到！

我做得到！

去做就做得到！

我做到了！

在可能範圍內一件一件完成做得到的事

令你失去可控感、不該說的話語

做不到

大腦的斷路器會關閉

- 絕對做不到
- 我做不到
- 反正做不到

已經不行了

大腦的斷路器會關閉

- 都結束了
- 我不行了

怎麼辦

再度強化你的迷惘

- 怎麼辦、怎麼辦
- 已經沒辦法了

2 時間軸：專注於「現在」，煩惱就會消失

把自己的頻率調到「現在」吧！

很多人都會想起「過去」而感到後悔，或是想到「未來」而感到不安。這樣的煩惱，究竟是什麼時候的煩惱呢？我們該思考的其實是：**「現在能做些什麼呢？」**

「今天工作上犯了錯，被主管狠狠罵了一頓……」

回家後，你是否會想起六小時前被主管罵了五分鐘，因此悶悶不樂呢？這麼做的話，等於你自己選擇了「重播痛苦」。

「職場的人際關係真的很糟糕！我連看都不想看到D。」

此刻，D並不在你的眼前。你想起了不在的D，還因為你自己的意志而感到不愉快。這也是「重播痛苦」。

如果D正在痛罵你，你會感到不愉快也是沒辦法的事；然而，下班以後想做什麼都是你的自由。「回想不愉快的事」是基於你的意志，也是你的責任。

透過「重播痛苦」，你創造出了「煩惱」，或是多次想起「小小的痛苦」、「小小的不安」，讓它們變得愈來愈大。

想起過去的不愉快經驗而感到後悔、不舒服或悶悶不樂時，請把注意力放到「現在」。把自己的頻率調到「現在」，「後悔」的情緒就會轉變成「安心」。

【煩惱分析法2】問問自己：這個煩惱，是什麼時候的煩惱呢？

「工作上犯了錯，被主管狠狠罵了一頓！」

這個煩惱，是什麼時候的煩惱呢？↓六小時前發生的事，持續了五分鐘。

▼已經結束的事，一直糾結也沒用。

現在能做些什麼呢……？

▼為了不再犯同樣的錯，必須多學習。來買幾本工作術的書吧。

試著問自己「這個煩惱，是什麼時候的煩惱呢？」再具體寫下「十二年前」、「七天前」、「六小時前」。

不要寫「以前」、「過去」這種曖昧的時間，否則會很難分析。

比方說，不要寫「小時候被虐待」，試著寫成「十二年前被虐待」。

「小時候」這種曖昧的印象，會讓人把它當成「最近才發生的事」，但若是寫出「十二年前」，可控感就會不同。

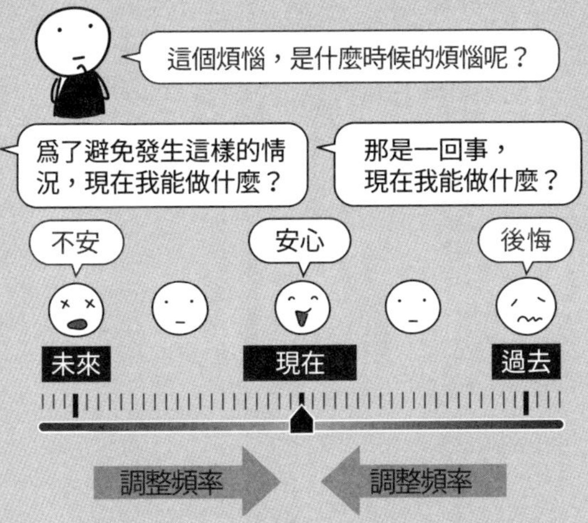

把自己的頻率調整到「現在」的提問

你會覺得「原來已經過了十二年了，已經是好久以前的事了。這麼多年以前的事，現在還耿耿於懷也無濟於事」。

對於未來的不安，也可以用同樣的方式，把焦點調整到「現在」。

「對老後的資產感到不安。」

這個煩惱，是什麼時候的煩惱呢？

↓三十年後（六十五歲時）。

▼三十年後的事現在擔心也沒用。

為了避免發生這樣的情況，現在我能做什麼？

▼為了增加老後資產開始存錢。

「要是得了失智症該怎麼辦？」

這個煩惱，是什麼時候的煩惱呢？

↓五十年後（八十歲時）。

▼五十年後的事現在擔心也沒用。

為了避免發生這樣的情況，現在我能做什麼？

▼在網路上搜尋，得知「芬蘭研究發現，一週進行兩次以上二十至三十分鐘會流汗的運動，罹患失智症的風險會下降到三分之一」。

▼決定定期運動。

回想過去會讓你陷入後悔，思考未來也會令人不安。

把自己的頻率調整到「現在」，就能感到「安心」。

要保持樂觀。
不要對過去懷抱後悔，
也不要對未來感到不安。
只要注視著「此時此地」就好。

——**阿爾弗雷德·阿德勒（心理學家）**

擺脫過去的最強關鍵句「那是一回事」

看完前一小節，相信各位已經明白「想起過去而懷抱後悔」、「想到未來就感到不安」等行為其實是在浪費時間。不過，有些人仍然會難以控制地想起過去的不愉快。

請記住，「話語」（前額葉皮質）是「不安」（杏仁核）的轡繩。

無法完全控制不安時，用更多的話語牽著轡繩，對控制不安有很好的效果。

無法忘懷過去，總是會想起不愉快的過往時，請試著輕聲告訴自己：

「那是一回事，現在我能做什麼？」

「那是一回事」（それはそれとして）是有「日本最重要佛教學者」之稱的鈴木大拙常說的一句話。在他的出身地金澤，還蓋了一間紀念館「鈴木大拙館」。我在前往參觀時，還看到鈴木大拙親手寫下的「那是一回事」掛軸。

有許多人都去找大拙商量煩惱，大拙仔細聆聽他們的煩惱後，總會先說「那是一回事」，再說出自己的意見並給予建議。

「先放下那個混亂的維度，應該還有不一樣的維度。有一些更重要的東西原本就存在。所謂的原本，指的是在你分別看待這些事物之前的狀態。」

據說，鈴木大拙所說的「那是一回事」是這個意思。

「那是一回事」這句話，能夠切換問題的維度。重要的是，這句話既沒有否定，也沒有肯定對方之前的話題、想法與情緒。

「你的煩惱我了解了。但是，B也是一種思考方式。」

以上是一句普通的話，然而，使用了反向接續詞「但是」，就會造成在否定對方的煩惱或情緒的印象。聽到這句話的人，會覺得自己好像被否定了，因而感覺不愉快，也較難坦率接受建議。

「你的煩惱我了解了。那是一回事，B也是一種思考方式。」

這樣的答覆既不否定，也不肯定對方的煩惱、想法與情緒，給人的印象是「我了解你的感受，那是一回事……」

這句話並不否定對方，而是接受對方，再把話題帶到更高的層次，是非常高明的心理技巧。

而且，不論是誰都可以立刻使用這個技巧。

事實上，當我參觀鈴木大拙館之後，只要心中浮現負面情緒，我都會低聲自言自語「那是一回事」。

「哇，稿子要來不及了……那是一回事，我現在必須集中精神三十分鐘，好好寫稿。」

這句話切換心情的效果非常好，能夠重新啟動陷入恐慌的大腦。

「那是一回事」可以在各種場面作為「切換」自身情緒與想法的關鍵句使用。

當你想起不愉快的過去時，請先說出「那是一回事」，接著再繼續問自己：「現在我能做什麼？」

大腦會執著於「過去發生的事」與「過去的經驗」，我們必須將大腦專注於「過去」的注意力拉回到「現在」。也就是說，「把頻率調到現在」很重要，因此必須繼續問：「現在我能做什麼？」

「那是一回事，過去無法改變，來做現在能做的事吧！」

這句話的用途並不是只有「擺脫過去」，也可以用來切換「負面情緒」，在各種情況下都可以使用。

幫助我們擺脫過去，切換到「現在」的關鍵句

那是一回事

後悔也沒有用
過去無法改變

現在我能做什麼？

來做現在能做的事吧！

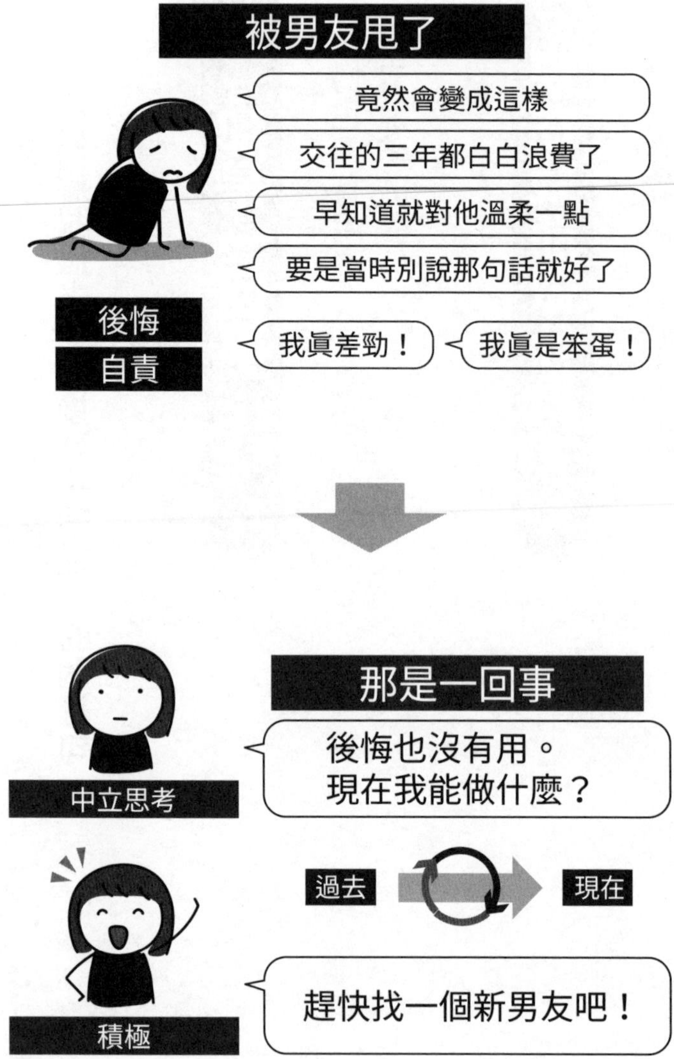

被男友甩了
竟然會變成這樣
交往的三年都白白浪費了
早知道就對他溫柔一點
要是當時別說那句話就好了
後悔
自責
我真差勁！
我真是笨蛋！
那是一回事
後悔也沒有用。
現在我能做什麼？
中立思考
過去
現在
積極
趕快找一個新男友吧！

「那是一回事。」

——鈴木大拙（佛教學者）

3 自己軸：當「自己」改變，煩惱就會消失

過去與別人都無法改變

「過去與別人無法改變，我們能改變的是未來與自己」，這是以溝通分析派創始人聞名的精神科醫師艾瑞克．伯恩的名言。

在各種煩惱中，占最多數的就是關於已經發生的過去經驗，主因是自己和別人的人際關係。

為什麼這些因素造成的煩惱特別多呢？

因為這些事情我們自己無法控制。

乘坐時光機改變過去，是電影裡才會發生的情節。在現實中，「過去無法改變」是理所當然的事實。每個人應該都能理解。

不過，出乎意料地，很少人知道「別人也是無法改變的」。

我曾在自己的X上舉辦投票，回答「想改變別人」的人高達三十九．一％。

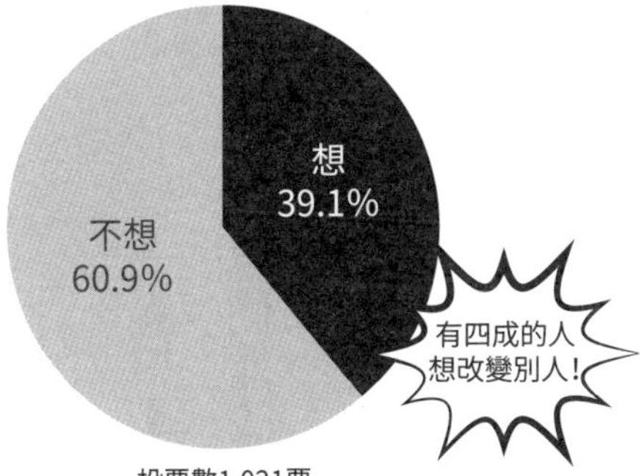

投票數1,021票

你想「改變別人」嗎？
（你想改變同事、家人、朋友的行動或思考方式嗎？）

世上有將近四成的人想要改變別人。他們付出無謂的努力，想要改變「無法控制」的「別人」，因此消耗了自己的精力。

改變別人的性格或行動並非不可能，但若本人沒有意願，就會十分困難。即使做得到，也要花費大把時間。

這是因為別人在想什麼，會採取什麼行動，都是他自己的決定，並不是由你決定的。

你無法預測對方，也無法讓對方照著你所想的方式行動。別人不在你能控制的範圍之內。

這些都是理所當然的。但事實上還是有許多人企圖改變「無法改變的別人」，因此耗費了許多精力。

「過去與別人無法改變，
我們能改變的是未來與自己。」

——艾瑞克·伯恩（精神科醫師）

你能搬動十噸的巨石嗎？

眼前有一顆重量超過十噸的巨石。有一個人赤手空拳推著巨石，想要搬動它。你看了這個景象，有什麼感覺？

是不是覺得「怎麼看都做不到，怎麼會做這麼笨的事」呢？這個人看起來很滑稽對吧？

其實，費盡全力想要改變別人的你，看起來就是這副模樣。

想要隨心所欲操縱丈夫（或妻子）是很困難的。

想讓討厭唸書的孩子去唸書，也很困難。

讓嚴肅又容易生氣的主管變得和善又明理，當然也很難。

讓對工作沒有熱情的下屬變得充滿幹勁，更是難上加難。

【煩惱分析法3】思考煩惱的「自己率」

這個煩惱是你自己的煩惱嗎？還是別人的煩惱？

靠著自己的力量就能解決，還是需要對方的努力與協助？又或是只靠著自己的能力，根本就無法處理呢？

思考這些問題，就可以找到「煩惱的自己率」。

這裡的「自己率」，指的是自己能夠控制的比例。

「我太太很愛發脾氣，真希望她能變得溫柔又沉穩！」

要改變別人的個性非常困難，因此這個煩惱的自己率大概只有一〇％。

這時，我們可以試著改變「煩惱的設定」。

「減少太太發脾氣的次數。」

太太都是在什麼樣的情境下發脾氣呢？是你把房間搞得一團亂，還是深夜喝醉酒回家時？如果是這樣的狀況，只要減少「你惹太太發脾氣的行為」就好。自己率一下

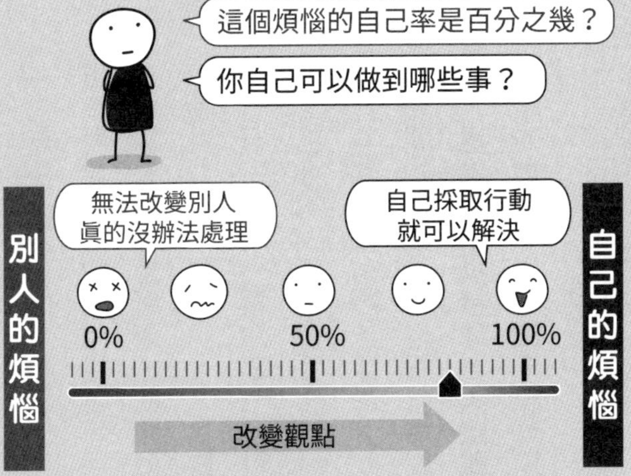

將焦點轉移到「自己」的提問

子就提高到了九〇%。

若自己率是零，我們只能把一切交由對方，也就是只能選擇放棄。

不過，即使是「別人的煩惱」或「與別人大有關係的煩惱」，若是能夠提高自己率，就一定有你可以藉由努力、行動去改善、化解的地方。

「我能做些什麼來提高這個問題的自己率？」

問自己這個問題，就能看到應對方法與「TO DO」。

人際關係是拋接球

「人無法改變，但人際關係可以改變。」

這是我自己說的一句格言，我很喜歡。

人際關係其實是溝通，就像拋接球一樣。

不論對方是什麼樣的人，就算是非常討厭的人，你應該也能夠做到拋接球。因此，你必須先「丟一顆好球」給對方。

絕大部分的人都不會丟球給討厭的人，因此溝通無法深入，原本就冷淡的人際關係也一直都保持著冷冰冰的。

只要開始拋接球，肩膀就會感到溫熱，人際關係也會開始加溫。**不論討厭或喜歡對方，透過持續拋接球，人際關係就會慢慢改善。**

所謂的拋接球，具體來說有以下幾種方式。

- 提高接觸頻率或次數。
- 經常報告、聯絡、商量。

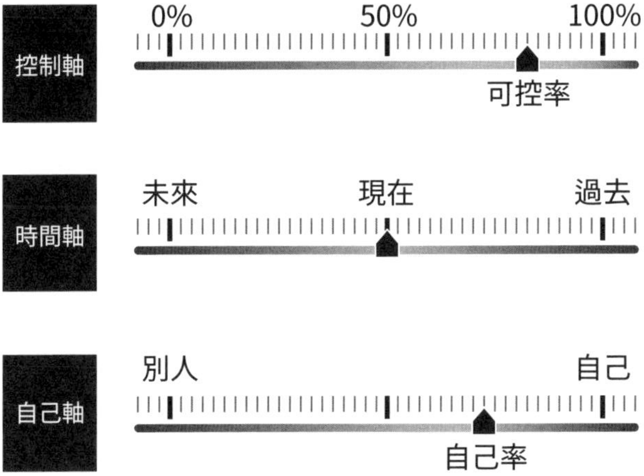

分析煩惱的三條軸線

- 增加閒聊的頻率，聊聊工作以外的事（自我揭露）。
- 積極參加聚餐，坐在不喜歡的人旁邊。
- 親切對待對方。

用三條軸線多角度分析

「煩惱」總是有些曖昧不明，若讓它保持這樣的狀態，就會一直不知道該怎麼處理。

因此，我們可以利用「控制軸」、「時間軸」、「自己軸」來分析煩惱。

把焦點轉向「現在」的「自己」，可控率就會提高，煩惱也會慢慢化解。

第三章　化解煩惱的三個方法

讀到這裡，各位是否已經能夠理解並分析讓你感到痛苦的理由呢？

請利用前面章節說明過的三條軸線，選擇能讓你感到輕鬆的方式，試著分析你的煩惱。接下來的章節，我會帶著各位思考化解煩惱的方法。

1 「搜尋應對方法」，煩惱就會消失

為什麼三分鐘的影片就能讓人「安心」

在我的 YouTube 影片的留言區，有許多這樣的留言。

「看了樺澤醫師的影片，覺得好安心。」

「看了這段影片，心情變好了。」

只不過是花三分鐘看了一段影片，現實世界並沒有任何改變，為什麼這些觀眾可以在這麼短的時間內心情變好呢？

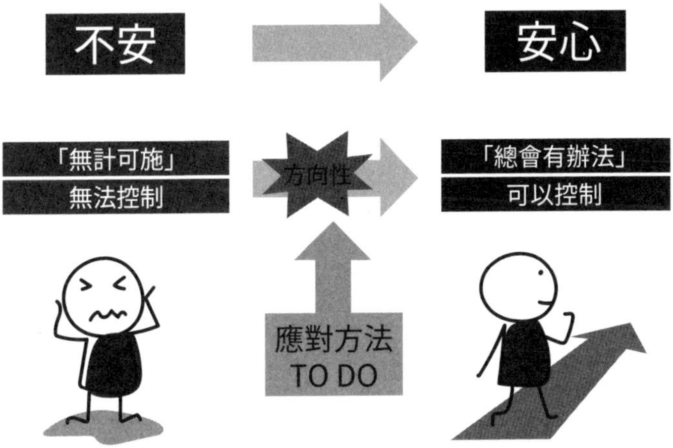

有一句話「前途茫茫」，指的是不知道如何前進，看不到未來而感到不安。如果知道未來是什麼樣子，我們就不會感到不安。

我們在看不到未來時會感到不安，看得清楚時就會安心。

我個人的書籍與影片總是用盡全力在傳達煩惱的應對方法與 TO DO，因為說出這些訊息才是最好的建議。

事實上，很多人都在看過我的影片後心情變好。各位若不相信，請去看看我的影片底下的留言區。

「搜尋」可以減輕煩惱

現代人幾乎人手一支智慧型手機，每個

人都可以瞬間連上網路搜尋資訊。

沒有必要煩惱好幾天，甚至好幾個月。請先試著搜尋煩惱的應對方法，你會發現網路上有一大堆網站和影片。只要知道如何應對，我們就會感到安心。

不過，有些人可以藉由「搜尋」化解煩惱，有些人則做不到。

之前的章節提過，我的 YouTube 頻道每天都會收到幾個同樣的提問，令我有些疑惑，不知道重複提問的人為何不先搜尋。

在 YouTube 的搜尋畫面，只要輸入煩惱的關鍵字再按下搜尋，瞬間就能找到過去的影片。

舉例來說，我每週都會收到「懷疑自己有發展障礙，好擔心」這個問題。如果觀眾在送出這個提問之前先在 YouTube 搜尋畫面輸入「可能有發展障礙　樺澤」，就會發現我之前上傳了二十部以上的相關影片，例如：〈覺得自己可能是發展障礙〉、〈被診斷為發展障礙而感到沮喪該如何面對〉、〈懷疑自己有 ADHD 怎麼辦〉、〈我可能有 ADHD〉。

如果在搜尋時只輸入「可能有發展障礙」，還會找到其他 YouTuber 為「可能有發展障礙的人」製作的影片。看了幾部影片後就會發現，「即使覺得自己可能有

前往頻道

使用電腦時

可能有發展障礙

在頻道首頁的放大鏡圖示處搜尋，就能搜尋這個頻道的內容（包括頻道的所有影片）

使用智慧型手機時

可能有發展障礙　樺澤

若使用手機，可以將YouTube的頻道名稱或YouTuber名字一起輸入，跟頻道內搜尋有一樣的效果。

在特定的YouTube頻道內搜尋所有影片的方法

發展障礙，事實上未必真的就是」，也就能擺脫深深令你困擾的煩惱。

只要搜尋，九成的煩惱都能減輕。

然而，每週我都收到「懷疑自己有發展障礙」這種一模一樣的提問，代表有很多人根本沒有先搜尋。

內心有很嚴重的煩惱、極度不安的人，會強烈感覺到「不知道該怎麼辦」，連「先搜尋就會找到應對方法」這種理所當然的事實都會忘記。

希望各位能記住「只要知道應對方法煩惱就會減輕」。我們生在這個便利的時代，只要想找，十五秒就能找到問題的應對方法，即使加上看影片或閱讀報導的時間，也不會超過十五分鐘。

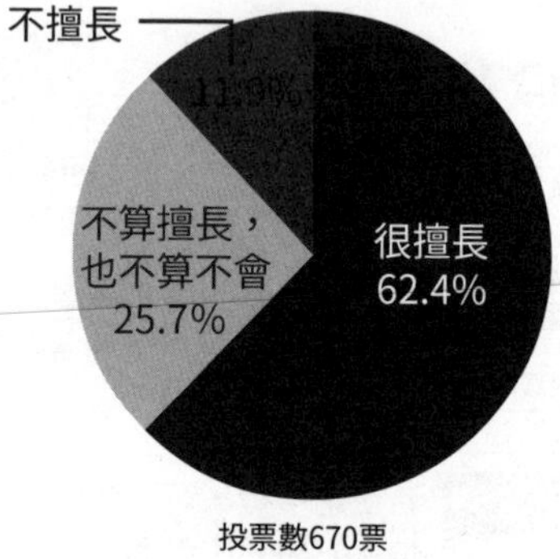

你擅長（用Google等工具）搜尋嗎？

心中有擔憂、煩惱等各種問題的人，請先試著「搜尋」。若你的煩惱與心理有關，我的頻道就有四千部影片，包括大部分主要的心理煩惱。

會搜尋的人和不會搜尋的人

說到「有些人不會搜尋自己的煩惱」，各位知道這些人究竟是多數還是少數嗎？針對這個問題，我也在自己的X上辦過投票。

投票主題是：「你擅長（用 Google 等工具）搜尋嗎？」（總投票數六七〇票）

結果，回答「擅長」的人有六十二．四%。

這個結果令我有些意外，有過半數的人自認為擅長使用電腦或智慧型手機的搜尋功能。

另一方面，也有約四成的人「不認為自己擅長搜尋」。

擅長搜尋的人即使有煩惱，只要一瞬間就能搜尋到「應對方法」。搜尋完畢後，就會開始做「自己該做的事」或「還沒做到的待辦事項」。

我預測，這兩種人可能會出現兩極化的發展。六成的人一瞬間就找到應對方法並繼續前進，但還有四成的人無法好好搜尋，或是根本就沒有搜尋，因此有好幾週、好幾個月都不斷煩惱同一件事。

有些人會反駁「即使搜尋到了應對方法，狀況還是沒有改善」，關於這一點，我會在第八章的「採取行動」解釋。

請養成「感到煩惱時，先搜尋看看」的習慣。

只會出石頭的人猜拳時贏不了

猜拳時要贏，必須預測對方會出什麼，並巧妙使用剪刀、石頭和布。一直出石頭的人猜拳時能贏嗎？當然沒辦法。

不過，在現代社會，有些人一直都在出石頭。這些人只會用一種方法處理自己

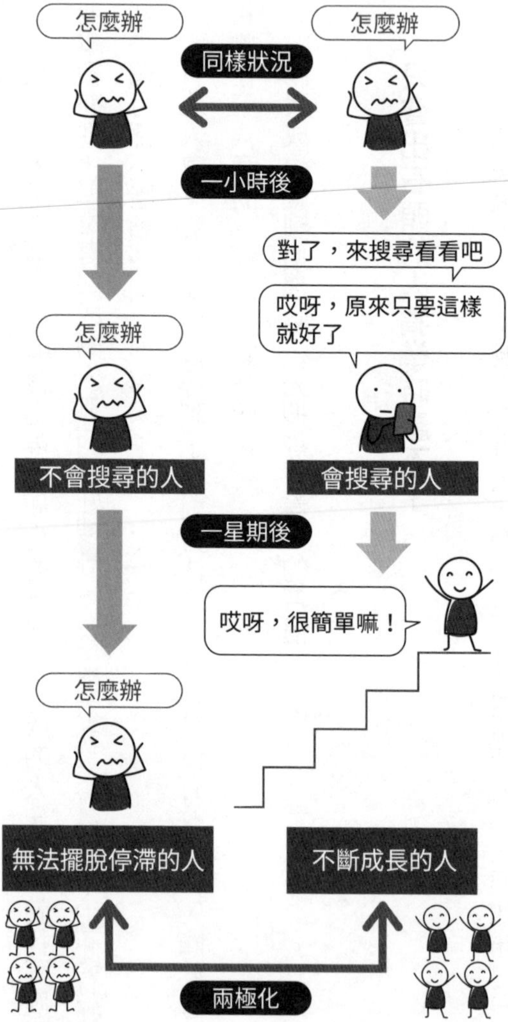

「會搜尋的人」與「不會搜尋的人」的兩極化

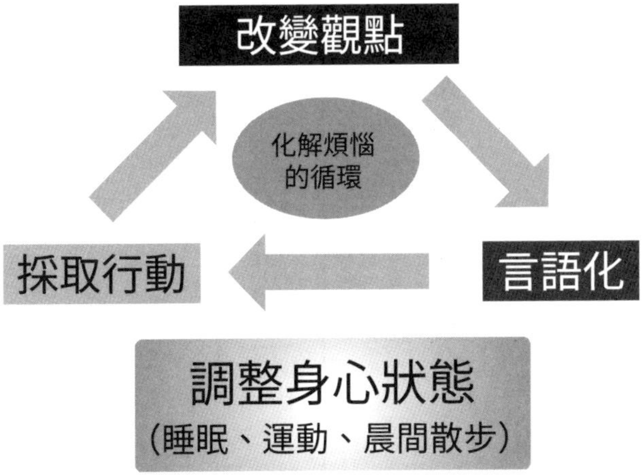

的煩惱或壓力。

前面提過一位進公司一個月就因為受挫而辭職的B。B的手上就只有「辭職」這張牌。一般來說，我們手上還會有「商量」這張牌可以用。在提出辭職之前，先跟主管談一次是比較好的選擇。

然而，手上只有一張牌的人，想不到其他的方法可以用。

可別嘲笑B，事實上，有很多人手上都只有「獨自煩惱」這張牌。不知道為什麼，許多人都是一個人獨自面對煩惱，一個人試圖解決。我從X的投票發現，「有煩惱時立刻找人商量」的人約有三成（請參考二二四頁），反推回來，有七成的人沒有立刻與人商量，而是「獨自煩惱」。

打出僅有的一張牌之後，如果沒有效果，就會陷入「無計可施」的困境。

若能擁有三個左右的應對方法，就能臨機應變選擇適當的方式。

在本書的後半部，我將給予各位「改變觀點」、「言語化」、「採取行動」這三張牌。使用這三種應對方法，幾乎可以化解所有煩惱。

2　「運用無視力」，煩惱就會消失

沒有必要忍受壓力

有一個詞叫「抗壓性」，指的是能夠承受壓力的能力或忍耐力。

不過，最近的心理學與精神科學領域並不提倡提高「抗壓性」，而是建議「提高心理韌性」。

心理韌性一般也會翻譯為「心理柔軟度」、「心理彈性」或「復原力」。它原

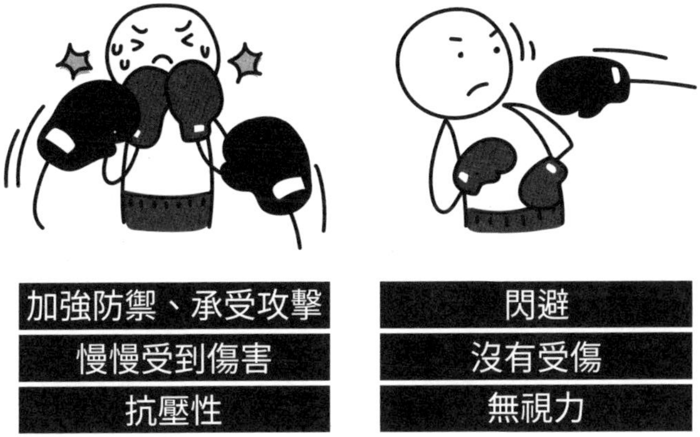

哪一種比較輕鬆？

本是工業用語，意思是「彈簧的彈力」。我們難免會遇到不愉快的事導致心情沮喪，但只要能像彈簧一樣快速恢復原來的狀態就好。

只要心保持柔軟，即使碰到一些壓力或痛苦，感到沮喪煩悶，也立刻就能度過難關，回復原本的狀態。

許多人在面對壓力時，不知為何都會把重點放在「忍耐力」與「抗壓性」。

「狀況真的很糟，一定要忍耐！」

事實上，你根本沒有任何必要忍耐。你該做的不是「忍耐」，而是以彈簧般的柔軟彈力閃避壓力。

最理想的狀況就是不要受傷。我將這種技能稱為「無視力」。

你需要的是「無視力」。只要你沒有受傷，就不需要「復原」。

看拳擊比賽時，我常常這麼想。不論對方出拳有多強，只要沒打中，我們就不會受傷。優秀的拳擊選手會巧妙利用搖擺動作，不會吃到對方的拳頭。搖擺是一種前後左右晃動上半身，閃避對方出拳的防禦技巧。不論出拳多強烈，只要沒打中，傷害就是零。

鬥牛士的應對方法

當一頭巨大凶悍的鬥牛朝著鬥牛士狂奔時，鬥牛士會怎麼應對呢？

他會揮動鬥牛布（一塊連在棒子上的紅布），並閃避鬥牛直衝而來的攻擊。稍微想一下就知道，這是理所當然的，畢竟只要稍微被鬥牛碰觸到就會受重傷。

然而，我認為許多人面對煩惱的方式，就像是鬥牛士拿著一面鋼鐵大盾，正面迎擊鬥牛。大盾非常沉重，光是拿著它站立就十分吃力，還要同時承受第一下、第二下猛烈的衝擊，咬牙死撐著不倒下。但是，到了鬥牛的第三下攻擊，鬥牛士終於無法再承受，連人帶盾一起被撞飛。

當鬥牛衝過來時，各位認為以下哪一個才是正確的應對方式？

A：揮動鬥牛紅布，閃躲鬥牛的攻擊，完全沒有受傷。

B：拿起鋼鐵盾牌，從正面承受鬥牛的攻擊。

不管怎麼想，都是A這種不受傷害的方法比較聰明。各位覺得呢？如果你也覺得A比較理想，那麼在現實社會也要學著「無視」。

絕大部分的人在受到攻擊時，都無法無視，而是選擇反擊。

聽到別人說你壞話，你會反唇相譏，或是不直接回擊，但是私底下說對方的壞話。聚餐時的「抱怨主管」，女性聚會時的「抱怨婆婆」，事實上就是私底下說對方的壞話。

除此之外，「我真沒用」這種自責的話語，則是在「攻擊自己」，是對承受壓力後虛弱無力的自己再甩上好幾鞭子。

不過，這些令人討厭、難過的事，只要能夠巧妙無視，就不會造成壓力。

在這裡，我要介紹三句很方便的魔法金句，它們都具有像鬥牛士揮動紅布再巧妙閃躲的效果。推薦給不想再等待，現在就想提高無視力的你。

提高「無視力」的魔法金句

1 瞬間就能無視對方的金句「喔——」

「公司的同事總是喜歡炫耀自己，展現優越感。」

有時，我們會遇到喜歡挖苦、說壞話，展現優越感的人。這些人就是想看你一臉無奈，也就是所謂的「愉快犯」。你愈是露出「說什麼啊，真可惡」的表情，他們就愈是開心。這種開心會帶來快感，讓他們不斷做出攻擊或展現優越感的行為。

當這種狀況發生，讓你感到有些生氣時，請回他：「喔——」

說的方式也很重要，必須不帶情緒，機械式地發出「喔——」的聲音。

「喔——我知道了。」

「喔——謝謝你教我。」

同時，你也可以在心裡想：

「喔——（那是你的想法，我才不在意）」

「喔——（隨便你）」

表現出憤怒、反感、厭惡等情緒，或是明確地反擊，只會火上加油，讓你和對方的關係陷入泥沼，對方每天對你的攻擊也許會愈來愈強，你感受到的壓力也會愈來愈大。

冷淡地回一句「喔——」能讓對方感覺攻擊落空，一點都不有趣。愉快犯原本的目的是獲得愉悅，但這麼一來，對方感覺到的只有「不愉快」，因此之後對方也會無視你。

2 無視所有攻擊的金句「有些人就是這樣」

聽說E私下在說你的壞話。

你感到生氣，但這時請在心裡告訴自己「有些人就是這樣」。

這世上有各種不同的人，有些人個性很好，有些人個性差勁。有些人很正直，有些人愛說謊。有些人個性很穩重，有些人很急躁易怒。

若是每次遇到「個性差勁」、「愛說謊」、「急躁易怒」的人時，都要感到生氣或沮喪，那真是怎麼氣也氣不完。

而且，你無法改變這種個性差的人，這些人完全不在你的控制範圍內。

當你受到攻擊，或是別人對你說了不合理的話時，請小聲告訴自己「有些人就是這樣」。這其實就是最近非常流行的「多樣性」。世界上有各種不同的人，這是非常理所當然的。

有時，一些對你而言真的很差勁的人會以相當高的機率出現在你眼前。不過，既然這些人出現的機率很高，你可以把它當作在玩「勇者鬥惡龍」時遇到「史萊姆」一樣，既不稀奇，也不需要驚訝或沮喪。只要告訴自己「有些人就是這樣」，然後別理他就好。

3 讓你無視主管、前輩批評的金句「謝謝您」

「喔——」這種回應無法用來對付主管或上級。當主管或前輩批評你，讓你感到沮喪時，可以回句「謝謝您」。

「謝謝您教我。」

「謝謝您，我以後會注意。」

沒有人聽到「謝謝」會感到不愉快。

被對方責罵、挖苦或說了壞話時，我們心中會出現負面情緒，忍不住想要反擊。

這時，先說一句「謝謝您」，心中的負面情緒就會消失，還能削弱對方的氣燄。

被主管責罵時，默默瞪著對方是非常糟糕的反應。這麼做不但是火上加油，還會讓氣氛更加險惡，主管也會更加討厭你，甚至可能讓你成為霸凌對象。

這時，只要說一句「謝謝您，我以後會注意」，就能把你的負面情緒藏起來。

感到不滿、生氣時，請試著小聲說出能幫助你不須與人對抗的「無視金句」。

不要影響到情緒，盡量以平穩的平常心應對。想在短時間內達到這種境界很難，但只要時時練習並提醒自己，「無視力」就會慢慢提升。

無視金句

喔——

有些人就是這樣

謝謝您

3「重新設定煩惱」，煩惱就會消失

地震是可以控制的

「未來可能會發生大地震，我好擔心。」

不少人都會擔心地震等災害。

據說，南海海槽在未來三十年內發生大地震的機率是七〇%。它將引發十公尺以上的海嘯，造成的震災規模達到三一一大地震的十倍以上。看到電視台播放的大地震特別節目，了解它的危險性之後，確實很可能引發「發生大地震該怎麼辦」的擔憂。

那麼，「發生大地震該怎麼辦」的煩惱，可控率是百分之幾呢？

我們無法藉由個人的努力「讓大地震不發生」。因此，各位可能會認為「控制大地震的可能性是零」。

若是如此，無法控制的事煩惱也沒有用。無法控制的煩惱只能放棄，但這樣就會一直無法擺脫「可能因震災而死亡的恐懼」。

事實上，我認為「地震的煩惱」可控率是百分之百。

只要將這個煩惱從「防止地震」重新設定成「不因地震而受災」，就可以百分之百防止對大地震的擔憂。

其中一個方法是移民到沒有地震的國家。只要住在沒有地震的國家，遇到地震災害的機率就非常接近零。

不過，有些人無法移民國外。對於無法移民的人來說，是否可以考慮搬遷到地震較少的區域呢？

我想表達的並不是要擔心地震的人「馬上搬家」，而是「擔心地震」這種看似完全「無法控制」的煩惱，其實是「可以控制」的。

不過，絕大多數的人都不會因為「害怕地震」而搬家。如果「害怕地震」是你人生中最大的煩惱，只要快點搬家，就能擁有「無憂無慮的生活」。

不過，現實中應該沒有人只因為「害怕地震」就搬家。

也就是說，「害怕地震」並不是那麼嚴重的煩惱。

試試看「重新設定煩惱」

讓我們再次試著重新設定「發生大地震該怎麼辦」這個煩惱。

煩惱的重點是「擔心發生大地震」，但若自己和家人生命無虞，房子和財產也沒有損失，就沒有那麼令人擔心了。

也就是說，仔細拆解這個煩惱，會發現它其實是「擔心因為地震導致自己與家人喪命或受傷，也害怕房屋倒塌、財產損失等經濟損害」。

地震發生時，直接的死亡原因第一名是「壓死」。因此，我們可以採用以下方法預防。

- 強化房屋的耐震度。
- 住在符合「耐震基準」的房屋。
- 使用扣件或拉桿固定大型家具。

如此一來，就可以將「壓死」的可能性大幅度降低。

另外，海嘯也很令人擔心，若是住在臨海地區，建議先確認避難地點，發生大地震時盡快避難。

關於經濟損失，可以先確認保險。相信有很多人根本連自己有沒有買地震保險都不清楚。若已經買了全額的地震保險，多少可以減輕對財產損失的擔憂。

除此之外，還可以預先購買避難用品，準備一星期的飲用水與食物，還有攜帶式馬桶。泡澡水先留在浴缸裡，不要立刻放掉。購買太陽能板，確保停電時還能使用智慧型手機。確認從公司到自家的避難路徑。決定除了電話以外與家人緊急聯絡的方法……。

有許多該做的事，全都做完之後，幾乎可以完全化解「擔心大地震」的煩惱。

做好了準備，也採取了行動，全都做到了！這種「大功告成感」會帶來自信，消除恐懼與不安。

無法控制的煩惱讓你感到「無計可施」、「沒辦法解決」，但只要改變它的「設定」，就能讓它變成「可以控制」且「總會有辦法」的煩惱。

這就是「重新設定煩惱」。

重新設定「身高太矮」這個煩惱

「我太矮了，所以交不到女朋友。」

有一位身高一百五十五公分，三十歲的單身男性F。F最大的煩惱就是「自己長得太矮」。他經常如此哀嘆：

「都是因為我個子太矮，才會三十年都交不到一個女朋友。」

讓我們一起來看看「身高太矮」這個煩惱的可控率是百分之幾。

F已經三十歲了，不太可能再長高。聽說國外有一種切斷腿部骨骼，在骨骼間加上金屬，讓身高慢慢拉長的「斷骨增高手術」，但手術費用非常昂貴，並不現實。也有傳聞說推拿整骨可以增高，但效果也只有幾公分。

三十歲要再長高的可能性真的很低，應該是接近「零」。

不過，在我看來，F這個「身高太矮」的煩惱，其實有百分之百的可控率，非常有可能改善。

首先，真正讓F感到困擾的到底是什麼？

F煩惱自己「身高太矮」，但這是他最大的煩惱嗎？其實，我認為F真正的煩惱是「不受異性歡迎」和「三十年來都交不到女朋友」。

F認為自己不受歡迎的理由是「身高太矮」。

在心理學上，這叫做「自我正當化」。

如果F交了很理想的女朋友，還會繼續煩惱自己「身高太矮」嗎？和這位理想的女性結婚，生了兩個可愛的孩子，F人生最大的煩惱還會是身高太矮嗎？

F因為自己身高矮而有心結（自卑）。**當人生遇到不順時，就認為都是「心結」的錯，這是人類潛意識的心理機制**。

不過，受不受歡迎並不是只看身高來決定。以下是幾種改善方法。

- 當一個體貼、溫柔的人。
- 注意髮型與穿搭，讓自己看起來帥氣。
- 在運動領域有好的表現。
- 努力打拚，在工作上有成就。
- 成為有錢人。

除了身高以外，還有許多因素可以讓我們更受歡迎。事實上，世上真的有很多身高很矮，卻很受歡迎的萬人迷。

人是由一百個參數（變數）組成的，不需要因為其中一個數字很低就悲觀。改變「身高太矮」這個煩惱的設定之後，會發現F的煩惱其實是「不受歡迎」。即使沒有長高，只要交到很棒的女朋友，就能夠化解這個煩惱。想要受人歡迎，需要的是發揮自己的長處。如果不能用外貌來一決勝負，就好好磨練外貌以外的部分，例如充實內在，或是在工作、讀書上有好的表現。

即使是「無法控制」的煩惱，只要改變它的設定，立刻就能變成「可以控制」的煩惱。

重新設定煩惱的三個提問

你的「煩惱」其實並非問題的根本。讓我們重新設定它吧！

我想，絕大多數的人突然聽到這句話時，並不知道該如何把煩惱重新設定成「正確的煩惱」或「真正的煩惱」。接下來，我想傳授給各位的就是「重新設定煩惱的三個提問」。

1 真正讓你感到困擾的是什麼？

「可能會有大地震，真糟糕，好擔心啊！」

就算真的發生大地震，如果沒有人死亡，也沒有人受災，就不那麼令人擔心了。也就是說，你真正的煩惱並不是「發生大地震」。

不過，假設原本住在東京的你，因為對大地震有模糊不清的擔憂，遷居到了佐賀縣。

你幾乎完全不用擔心地震了，但你卻開始煩惱：

「萬一來了一個大颱風該怎麼辦？」

真正讓你感到困擾的，究竟是什麼呢？

不是「發生地震」或「遭受風災」，而是你自己「想東想西容易擔心的個性」，對吧？

我認為，「容易被電視台令人不安的報導影響」和「強烈關注負面訊息」，才是真正的問題所在。

如此一來，應對方法就非常明確了。

- 不看令人不安的電視新聞。
- 減少看電視與瀏覽網路的時間。
- 寫積極正向的日記，改變關注負面消息的習慣。

持續使用這些方法三個月後，對於「發生地震」或「被捲入大災難」的不安應該會減輕許多。

許多人嘴上都會說「萬一……該怎麼辦」、「我好擔心」，卻沒有採取任何應對方法。大家都說「災害很可怕」，但有多少人真的準備了防災用品與食物呢？其實，這些人只是得了「擔心病」而已。

真正讓你感到困擾的是什麼？

面對這個問題，你的「自我覺察」會更加深入。

請好好面對自己，找出「真正讓你困擾的事」和「真的想改善的事」吧。

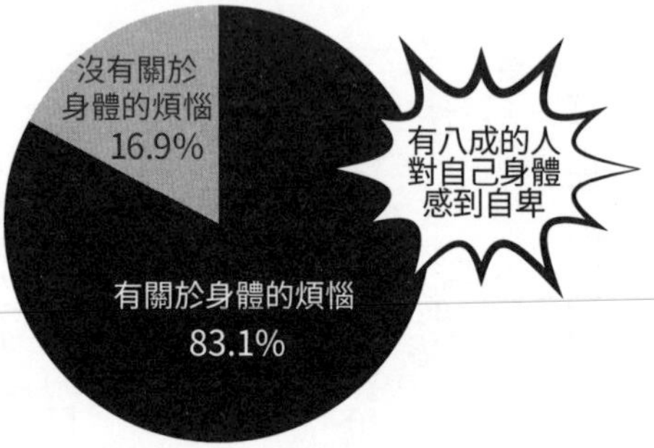

投票數851票

你有關於身體的煩惱或自卑感嗎？
（例如：太胖、太矮、鼻子塌、頭髮少等等）

2 化解了這個煩惱，你就滿足了嗎？

「因為鼻子太塌而自卑。」

有很多人跟之前提到的F一樣，因為自己的身體特徵而感到自卑。根據X上的調查，有八十三・一％的人對自己的身體有自卑感。因為某種因素而感到自卑並不是稀奇的事。

假設你真的非常在意自己的鼻子，因此動了整型手術。手術成功了，你擁有高挺的鼻梁和漂亮的鼻子。

你會覺得「還好動了手術，從此我的人生就會幸福」，就此心滿意足嗎？

事實上，絕大部分的人並不會這麼想。

他們接著會在意起自己的「單眼皮」，開

始覺得「眼睛也該動手術」，沒完沒了。

真正讓你困擾的不是「鼻子塌」而是「沒自信」，不是嗎？即使在外貌上花再多功夫，也無法讓你擁有自信，因此你永遠不會滿足。

也就是說，你弄錯了「煩惱的設定」。那麼，該怎麼辦呢？

若你真正的煩惱是「對自己沒有自信」，只要能對自己產生自信就好。根據你的行動與努力，在你有所成長的瞬間，「自信」就會油然而生。

若你的煩惱是「鼻子太塌了，所以交不到男朋友」，何不試試看「去烹飪教室學習做菜」呢？即使沒有因此交到男朋友，「學會某種技能」的經驗也能帶給你自信。和過去扭扭捏捏的個性不同，你會成為另一個層次的自己。

3 化解了這個煩惱，你就會幸福嗎？

「地震好可怕。」

如果在你死之前都沒發生地震，你就會覺得「人生很幸福」嗎？應該不會。

那麼，如果你能不遭受地震或其他災害，也沒有遇到意外或大麻煩，沒有生大病，健康平安地活到九十歲呢？

應該可以說出「我的人生很幸福」，對吧？

你的煩惱其實不是「地震好可怕」，而是「害怕失去健康與安全」。說到這裡，你應該會發覺與其把時間花在「害怕地震」這種瑣碎的憂慮上，更應該把它運用在「睡眠、運動、晨間散步」等促進健康的活動。

重新設定煩惱的三個提問

真正讓你感到困擾的是什麼？

化解了這個煩惱，你就滿足了嗎？

化解了這個煩惱，你就會幸福嗎？

讓你重獲幸福的神燈精靈提問

詢問自己「重新設定煩惱的三個提問」後，就會發現「當下的煩惱」其實不是你心中「最重要的煩惱」或「本質上的煩惱」。不過，有些人即使用了上述方法，還是對「自己到底想做什麼和想要什麼」感到迷惘。

在這裡，我要再教一個幫助各位釐清「你真正想要的是什麼」的神燈精靈提問。這個問題可以讓你得到真正想要的東西，因此也可以說是「讓你幸福的神燈精靈提問」。

各位聽過〈阿拉丁與神燈〉的故事嗎？迪士尼曾推出《阿拉丁》的動畫與電影，應該有不少人都看過。

想像你現在得到了神燈。摩擦神燈後，精靈出現，對你說「我可以為你實現三個願望」。

不論是什麼願望都能實現，但只能許三個願。你會許下什麼願望呢？

會是「不發生大地震」嗎？絕對不是。你應該有其他更想實現的願望。明明剛才還在說著「好擔心會發生大地震」，是不是很不可思議呢？

你內心雖有「擔心發生大地震」的想法，但它並不在你想解決的「三個願望」裡面。換句話說，它不是「嚴重的煩惱」。如果它真的非常嚴重，你應該會在第一個願望就解決它。

苦惱自己太矮的人呢？會許下「希望身高變成一百八十公分」的願望嗎？

F得到神燈之後，對神燈精靈說：「請讓我身高一百八十公分」。

F的心願實現，擁有了高眺的身材。然而，F的個性完全沒有改變。任性又自我中心的F沒有得到任何女性的青睞，一輩子都沒交到女朋友，終生未婚。可喜可賀。可喜可賀？（取自「Dr. Kabaup」寓言）

◎神燈精靈提問A

「如果能實現三個願望，你會用來化解這個『煩惱』嗎？」

就算身高改變，不受歡迎的人也不會突然就變成萬人迷。因此，不應該執著在「身高」，而是應該改善自己的個性與人格。

對自己發出這個「神燈精靈提問」，瞬間就能知道現在眼前的煩惱是不是「本質上的煩惱」和「最優先要解決的煩惱」。

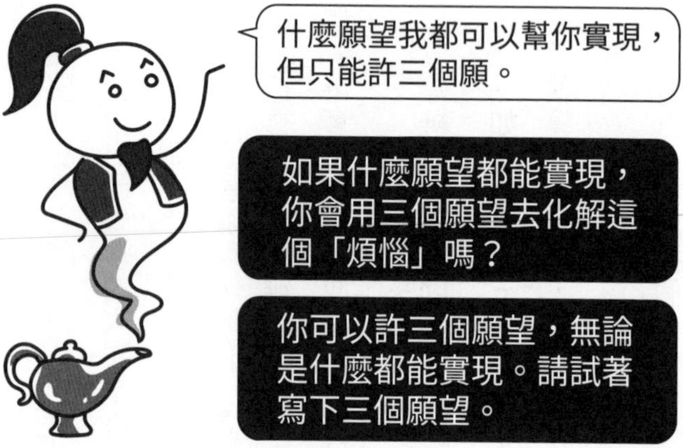
什麼願望我都可以幫你實現，但只能許三個願。
如果什麼願望都能實現，你會用三個願望去化解這個「煩惱」嗎？
你可以許三個願望，無論是什麼都能實現。請試著寫下三個願望。

神燈精靈的提問

◎神燈精靈提問B

「你可以許三個願望，無論是什麼都能實現。請試著寫下三個願望。」

接著，寫下三個你的心願、願望或夢想。請想像寫下來的願望真的會實現。

大部分的人應該不會寫「請治好我的抖腳」、「希望我的社交恐懼症會好起來」、「希望不會得失智症」，對吧？

希望「社交恐懼會好起來」的人，還不如許個「能跟大家愉快溝通」的願望，因為即使不再有社交恐懼，還是不能保證交得到朋友或男女朋友。

許多人的煩惱都是「想治好自己的壞習慣」，例如「想治好抖腳」、「想治好拔毛症」等等。不過，這些煩惱應該不在你人生的「三個願望」裡面。

你真正的心願，其實不是「治好抖腳」，而是「不想再被人用奇怪的眼光看」或是「不希望別人覺得我是個怪人」，也就是「和許多人建立良好的人際關係」，不是嗎？

如果是這樣，只要許下「擁有良好人際關係」的願望就好，接著再查詢「人際關係變好的方法」，一個一個試著實踐。你會發現抖腳這個習慣，並不妨礙你建立良好的人際關係。

我們常會認為自己的煩惱是當下「非常嚴重」、「非常重要」的問題。然而，在我們長長的人生中，這些煩惱往往都不是最需要優先處理的事情，也不是最重要的問題。

藉由「神燈精靈的提問」，我們可以在一瞬間就發現自己的煩惱設定是否「弄錯了」或是「偏移了」，也能夠找到自己真正的目標和該做的事。

重新設定煩惱，就能從自卑的束縛中解脫。

需要花費「時間」和「精神能量」處理的並不是「這種煩惱」。

第四章　改變看法，心情就會輕鬆起來

（改變觀點①）

只要換個「想法」，大部分的煩惱都能化解。

無論是什麼事，要開始新的行動都相當累人。不過，換個「想法」並不難。坐在椅子上也能做到。

本章標題的「改變觀點」，指的是改變因煩惱而僵化的觀點，換個想法思考。化解煩惱的第一張卡牌，就是「改變觀點」。

1 改變觀點，看到的景色就不一樣

巨大的岩石也能輕鬆搬動

你的眼前再次出現了好幾公尺高，整整有十噸重的巨石。你能搬動它嗎？

現在的你，應該會回答「沒辦法」吧。很遺憾，你的答案是錯的。即使是十噸重的巨大岩石，也能輕鬆搬動，只要使用推土機等重型機械就做得到。

這個問題並沒有問你能不能「用人力」或「用自己的力量」搬動巨石。你大可以尋求別人幫助，也可以利用機械或方便的工具，甚至是程式與IT技術。然而，幾乎每個正在煩惱的人都想靠自己解決問題，不會跟別人商量，也不會尋求幫助。

如果實現目標需要別人的力量，那就借用吧。這就是「改變觀點」的思考方法。

接下來再看看這個情境。

眼前有一塊巨石，擋住了你的去路。路很窄，重型機械進不來。

「我搬不動這麼大的石頭。怎麼辦？怎麼辦？」

這時你該想想，為什麼需要搬動那塊巨石？

是因為「你想往前走，但是石頭擋住了路」。

你的目的是「前進」。也就是說，根本沒有必要勉強搬動巨石。

- 爬上巨石，下到對面。
- 把梯子架在巨石上，前往對面。
- 放棄這條路，繞道走另一條路過去。

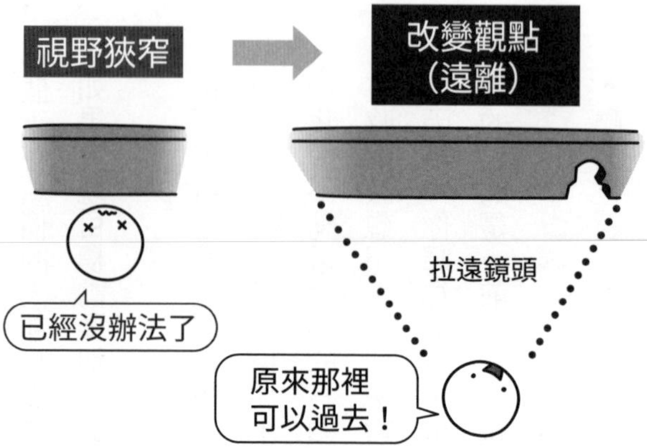

當你發現「搬動石頭」不是最終目標的瞬間，就能想出許多應對方法，這也是改變觀點。

資訊不足會引起不安

觀點指的是「從哪個位置看事物」、「觀察事物的立場、角度」。

眼前有一面十公尺的高牆，乍看之下，想翻越這面牆是不可能的。

「怎麼辦？怎麼辦？」

然而，當你往後退幾十公尺，再看看這面牆，發現右方約五十公尺的地方有一處崩塌，牆上似乎有一個缺口。

「或許可以從那個缺口穿過去！」

接著，你放出一架無人機，發現只要稍微

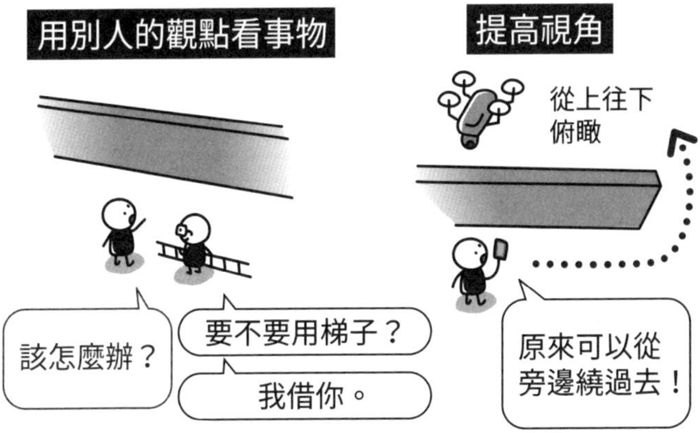

繞路就可以繞過這面牆。

「原來只要繞個路就可以輕鬆過去！」

即使沒有無人機，只要身上有手機，就能找人商量。

「我沒辦法翻越這面牆……」

「我有梯子，可以借你。」

有時，只要借用別人的觀點，就能在一瞬間找到解決方法。

乍看之下「沒辦法」、「不可能」自己做到的事情，在改變觀點、提高視角後，就會發現並沒有那麼困難，也沒有那麼嚴重。

了解就算不用解決巨石（困難）也無妨之後，我們的心情就會變輕鬆，也更能想出應對方法或解決方法。

心中有煩惱的人，就像近視一樣，只看得

見眼前的「煩惱」。

資訊不足會引發不安，不安會讓「視野更加狹窄」。

關鍵在於必須注意到這一點，並改變自己的觀點。

輕鬆改變觀點的魔法提問：「有沒有別的方法？」

即使不解決原因，只要改變觀點就行了。話雖如此，有時就是很難立刻做到。

這時，有一句魔法提問可以幫助我們瞬間切換觀點。

那就是：「有沒有別的方法？」

舉例來說，有一份今天一定要交的文件，你從一大早就一直在趕工，但看起來就是做不完。

「已經不行了……」

這時，請先問自己。

「有沒有別的方法？」

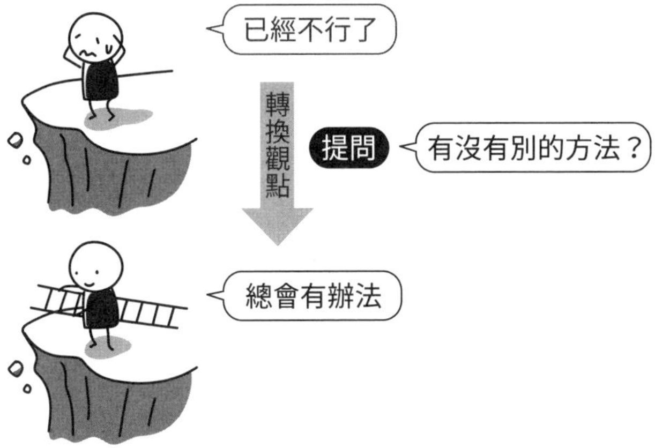

改變觀點的魔法提問

● 借助別人的力量。

自己一個人做不完，那就只好借助別人的力量，拜託同事或夥伴幫忙。

● 延後交件日。

今天做不完，就試著跟對方談談能不能把截止日延到「明天早上九點」。或許對方無法通融，但願意讓你延一天交件的可能性並不是零。

● 向主管報告。

過了截止日才向主管報告「我來不及交」並不是明智的選擇。你必須在截止日前跟主管報告現在的進度「無論如何就是來不及交」，或是詢問「現在該怎麼辦」，事情告一段落之後就無可挽回，但現在或許還能得到主管的一些獨門建議，例如「總之先把做完的部分交出去，之後再抽換」等等。

自己一個人思考也無法解決問題時，只要問自己「有沒有別的方法？」就能改變觀點，「已經不行了」也會變成「總會有辦法」。

2 你該意識到的三種觀點

1 用中立觀點來看

你的「正面思考」是錯的

各位聽過心理自助書經常引用的「賣鞋業務員小故事」嗎？

有兩個賣鞋的業務員被派到南方小島上，抵達之後兩人都嚇了一跳，因為當地人全都光腳走來走去，沒有一個人穿鞋。

兩人分別聯絡了本國的總公司。

A說：「這裡沒人穿鞋，根本沒辦法賣鞋！」

B說：「這裡沒人穿鞋，一定可以賣出很多鞋，是大好機會！」

你會怎麼想呢？

心理自助書常會這麼介紹「正面思考」的解讀方式：

「A是負面思考，B是正面思考。不論是多麼不利的危機，只要正面思考就會有機會，所以B是對的。」

不過，以**「正向心理學」**的立場來看，這完全是錯的。

「這裡沒人穿鞋，一定可以賣出很多鞋。」這句話沒有任何根據。只是單純的「樂天主義」，就跟賭博一樣。

我們可以嘗試另一種思考方式，它不是極度的悲觀，也不會在沒有根據的狀況下過度樂觀。

- 問問當地人第一次看到鞋子的感想。
- 請幾個人試穿鞋子，詢問穿起來的感覺。
- 鞋子真的完全賣不出去嗎？試著賣幾雙看看。
- 問問當地人鞋子一雙多少錢會想買。

不要一開始就放棄，但也不要勉強說服自己「這是大好機會」。
不要先入為主，也別被情緒左右。
收集證據、根據與各種資料，分析現狀，冷靜判斷並行動。
冷靜地尋找積極正向的可能性。
這才是正向心理學中**真正的「正面思考」**。

正向心理學是美國心理學會主席、賓夕法尼亞大學心理系教授馬丁・賽利格曼於一九九八年提倡並創立的心理學說。

目前坊間有許多正向心理學的書籍，非常遺憾的是，很多人看了這些書之後就被「正向」這個詞拉著跑，並沒有正確理解內容。

很多人會認為「正向的人」指的是「積極、正面、開朗的人」。

不過，英語的「positive」其實有「肯定」的意思。

也就是說，「正向心理學」的主張，其實是「好好觀察現狀，以肯定的方式看待它」。強調專注於「此時此地」的覺察（正念），其實也是受到正向心理學影響而發展出來的。

另一方面，我們也常以為「自我肯定感高的人」指的是「充滿自信的人」，這也是錯誤的。

「把事情完全搞砸了，我怎麼這麼沒用，但是沒用的我也是我。」

「我的性格很陰沉，但這也是重要的性格面向，是我的一部分。」

所謂的高度自我肯定感，意思是無論多糟糕的自己都能夠肯定。這才是一種真正的自我肯定。

來到南方小島的賣鞋業務員應該採取的觀點如下。

「不悲觀也不樂觀，先做市場調查。不要被一時的情緒左右，分析現狀，搜集事實與數據，做出客觀的判斷再行動。」

我將這種觀點稱為**「中立的態度與想法」**。

其實，它和「正向心理學」所說的「正向」幾乎是一樣的意思。為了不讓各位被「正向」（積極）的既定印象誤導，我刻意不使用「正向」這個詞，而是以「中立」來介紹它。

「中立」指的是：

- 不被情緒牽著鼻子走，不會一下子高興一下子難過。
- 不被單一資訊拉著跑，先搜集資料，去除先入為主的偏見。
- 不會只看部分，會看整體局勢再判斷。
- 以中立的立場做出判斷並行動。
- 不會立刻放棄，會先冷靜判斷再秉持毅力堅持下去。

能夠這樣思考的人，即使陷入困境也不會一下子高興一下子難過，較不容易累積壓力。根據科學統計，這種人心理韌性較高，也較健康長壽。

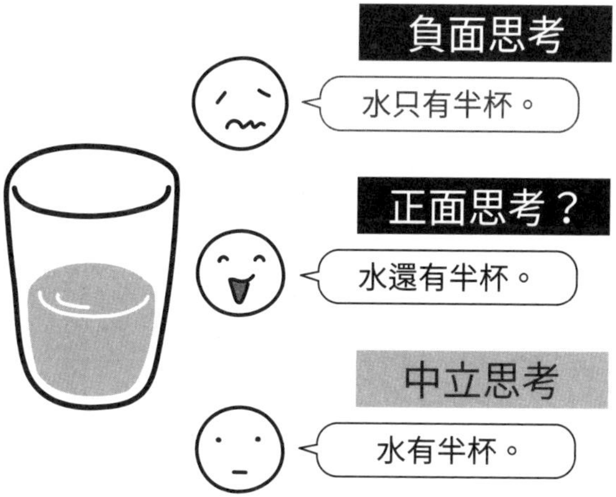
負面思考
水只有半杯。
正面思考？
水還有半杯。
中立思考
水有半杯。

杯子裡有半杯水

裝了半杯水的杯子

還有一個很有名的例子。

現在這裡有一個裝了半杯水的杯子，你看了有什麼想法呢？

A：「水只有半杯。」

B：「水還有半杯。」

一般都會認為A是負面思考，B是正面思考。相對地，「水有半杯」則是中立觀點。

「只有半杯」和「還有半杯」都是主觀判斷。主觀包括我們的情緒與思考，因此可能會因為當天的情緒而有所變化。

然而，「水有半杯」是事實。所謂的事實，就是誰來看都一樣的事物。在杯子附近的人，沒有一個會對「水有半杯」提出異議。

「把事實和情緒分開思考」也是一種重要的中立觀點。

先入為主會造成讓判斷與思考失準的「偏見」

用負面觀點看事物的人，即使是發生率只有百分之一的壞事也會過度擔心，每天都受到不安與擔憂支配。另一方面，過度樂觀也不是好事。相信各位都知道，如果完全沒唸書，就算高喊一百次「沒問題」，考試的成績也不會變好。

過度的負面與正面思考會造成先入為主。

過度負面思考的人會一直搜集「對自己不利的資訊」，過度正面思考的人只會搜集「對自己有利的資訊」。

這兩者都是會造成錯誤判斷與思考的壞習慣。

這些都是「偏見」，也就是「思考偏誤」與「死心眼」造成的不合理判斷。

用中立觀點搜集大量正確資訊，再做出正確的判斷，可以減少失敗的機率，增加成功率。

中立可以讓我們的人生更順遂！

區分事實和情緒

強烈的情緒會讓我們無法客觀看待事物。

這時，「事實」和「情緒」會合而為一，讓我們無法冷靜客觀地看待自己。就像是事實被情緒這股濃霧團團籠罩一樣。

當我們無法正確理解與應對事實，壓力造成的不安與憤怒就會更強烈，之後一定會陷入泥沼。

也就是說，只要能夠分開「事實」和「情緒」，我們就不會被迷惑，即使是「令人震驚的意外」、「討厭的事」、「心理創傷」也能自行處理。

想用中立觀點看待事物，關鍵就是必須區分事實和情緒。

請利用此處的表格試著練習中立觀點。

事實是什麼？	
你的情緒是？（你覺得如何？）	
你的思考是？（你怎麼想？）	

先以杯子裡的水為例，試著填寫這張表格。

事實是什麼？	杯子裡有半杯水。
你的情緒是？（你覺得如何？）	只剩下半杯了，真遺憾。
你的思考是？（你怎麼想？）	希望店員快點來幫我加水。

接下來，看看更複雜一點的案例，試著練習區分「事實」和「情緒」。

「因為溝通誤會，客戶現在很生氣！我沒有錯，錯的是客戶。」

這是相當常見的商務場景，當我們受到憤怒與不合理的情緒左右時，就會看不清現實。

假設你在工作上出了問題，具體原因是「客戶把九月十五日交貨聽成五日交貨，因為交貨日沒有收到商品而生氣。我明明說十五日交貨，我並沒有錯，是客戶聽錯了，客戶卻在電話裡痛罵我」。

讓我們試著區分並整理事實與情緒。

事實是什麼？	我講的是「九月十五日交貨」。客戶聽成「九月五日交貨」。
你的情緒是？（你覺得如何？）	我沒有錯，我不能接受。
你的思考是？（你怎麼想？）	我講的是正確的，（我認為）是聽錯的客戶有問題。我沒有錯。
你要怎麼做？現在能做些什麼？	九月五日沒有交貨，客戶很生氣。我要馬上去道歉，解釋原因，也要告訴客戶九月十五日一定會交貨。聯絡商品管理部門，問問看商品能不能提前交貨，就算是一天也好。

怎麼做才不會造成同樣的失敗？（反饋）	交貨日不要用口頭聯絡，應該用文字或郵件留下紀錄。不要只講一次，要再次甚至三次確認。聯絡交貨日時加上星期幾，例如九月十五日星期四。

過去無法改變，但現在還有「道歉」或「盡量提早交貨日」等補救措施。我們只能去做現在能做到的事。已經沒有時間去表露情緒，大罵客戶混蛋了。

必須在可能範圍內一件一件完成做得到的事。

失敗與犯錯是難免的。這個事實也不會改變。只要下次別犯同樣的錯就好。別忘了留下反饋，讓這次的失敗幫助你成長。

反饋所使用的問句是：**「怎麼做才不會造成同樣的失敗？」**

2 用遠一點的鏡頭看事情

放大細節看只會帶來悲劇

有一個詞叫「短視」，意思是「只看得見眼前的事物，欠缺洞察未來與大局的

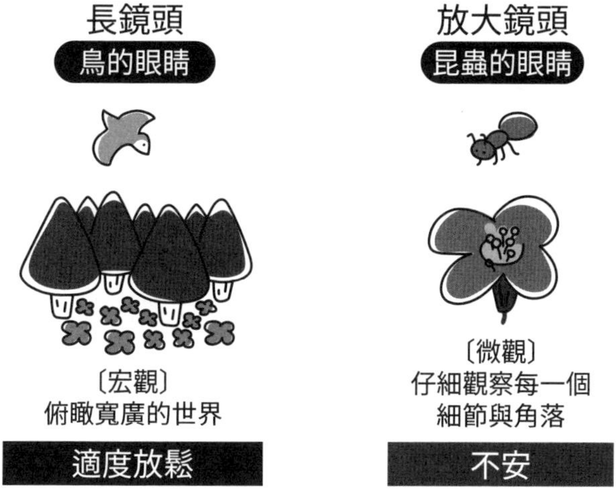

能力」。也就是說，「只看到一部分」、「不看整體」是一種不理想的觀點。

用足球來舉例，就像是一個足球員在比賽時只看著自己的腳和球。到了需要傳球時才慌忙環顧周遭找尋隊友就太遲了。優秀的選手會觀察整個比賽場地上的狀況，包括隊友在哪裡，對方的球員在哪裡，哪裡可以自由傳球。

優秀的選手會用我們在看電視時的「俯瞰」視角掌握比賽場地整體的狀況，因此能傳出像穿針引線一樣精準的傳球，完成奇蹟般美妙的射門。

俯瞰整體，看清局勢再做出判斷，能幫助我們做出更正確的判斷，也不會錯失良機。這就是「用遠一點的鏡頭看事情」、

「離遠一點看事情」。

「人生近看是悲劇，遠看是喜劇。」

這是黑白電影時代的天才喜劇演員卓別林的名言。

近看事物，你會看到自己的缺點、短處、不順利的地方等負面部分。但遠遠地看，就會發現「這些都不要緊」，也會看到有些事其實是順利的，還有一些事情漸入佳境。

想化解煩惱，就需要把觀點轉換成「用遠一點的鏡頭看事情」。

當然，「近看」與「仔細觀察細部」並不是壞事。

不過在順序上，應該先「掌握整體」再觀察細節。光是遠遠地看東西並不有趣，電影也是利用長鏡頭與特寫的組合，才能創造出有趣的影片。

像照相機換鏡頭一樣自由地切換合適的觀點，也是一種化解煩惱的技巧。

人生近看是悲劇，
遠看是喜劇。

——查理．卓別林（喜劇演員）

「心理性視野狹窄」是看不見的敵人

內心有嚴重煩惱的人都有一些共通點，他們都會主張「我沒有可以商量的對象」、「沒有人關心我」、「沒有人擔心我」。

事實上，這些人一定曾經得到別人的支持與關心。會有這樣的誤解真的很不可思議。為什麼會出現這種情況呢？

因為人在被逼到極限時，腦中會只有一個想法，無法考慮到身邊的其他狀況。這種狀態叫做「心理性視野狹窄」。

陷入「心理性視野狹窄」時，我們會完全看不到周遭。連「跟別人商量或是閱讀書籍可以幫助解決問題」這種理所當然的事都無法想到。

也就是說，陷入被不安與恐懼逼到極限的心理狀態時，只會注意眼前的「難過」與「痛苦」，光是自己的事情就已經耗盡全力，對別人既沒有興趣也不會注意，更不會體貼關心，眼裡根本看不到別人。

當憂鬱等狀況更加惡化，心理性視野狹窄到了極點時，還可能陷入「問題沒辦法解決，只好去死了」的短路性思考，因而自殺。

一座樓梯就能讓人看到不同的景色

一邊行動一邊思考

東京的愛宕神社有一座「出人頭地石階」，據說只要跑上這座石階就能出人頭地。石階只有八十六階，但呈四十度角，十分陡峭。它聳立在眾人眼前，散發出一股威嚴感。

要怎麼做才能爬上這座「出人頭地石階」呢？

只能一階一階往上爬。然而，許多人抬頭看到最上面的第八十六階，就覺得「好像很累，我沒辦法一口氣爬上去」。

「化解煩惱」也是一樣的。**從下方抬頭看終點，會覺得難度很高，產**

生「我做不到」的念頭也並不意外。

那麼，讓我們先爬十階看看。爬十階並不是太累人的事，接著再爬十階，回頭看看，會發現看到的景色不一樣了。

再爬十階，接著繼續爬十階。來到第四十階之後，仰望看到的景色也跟剛剛不一樣。這時我們會覺得「照這個狀況繼續爬，好像爬得上去」。

回頭看看，會發現「已經爬到這麼高的地方，完成一半了」，內心會有小小的成就感，也會更有動力繼續爬。再繼續向上，就爬到了八十六階。

只要是爬過山的人應該都知道，爬了十分鐘之後，看到的景色就會截然不同。這就是「提高視角」。

視野變好，迷路的機率就會降低，也能自然而然看清楚哪一條路是捷徑。

然而，絕大部分的人都會在還沒開始時，就決定「要爬」或是「不爬」。

其實先爬上十階再決定要不要繼續也不遲，還能幫助我們做出更正確的判斷。

連一階也沒有爬，光是抬頭仰望遙遠的終點就開始煩惱「該怎麼辦」，這只是在浪費時間。先爬上一階、十階再看看情況。

我們應該一邊爬一邊思考。實際上，在採取行動的同時再煩惱就行了。

看到的景色改變，會讓人內心出現各種不同的想法。視角提高之後，或許你會發現原先覺得「怎麼看都做不到」、「我一定做不到」的事，其實「好像做得到」。

3 放棄極端的思考方式

「零或一百思考」會讓人不幸

「無法中立思考」換句話說就是「思考方式很極端」。

舉例來說，「零或一百思考」就是很具代表性的例子。

「零或一百思考」又稱為「二分法思考」，這樣的思考只有兩種選擇：「零或一百」、「好或不好」、「做或不做」、「白或黑」、「善或惡」。

行動帶來的結果也只有「成功或失敗」、「零分或一百分」。

沒有中間值是很極端的思考方式。

舉例來說，醫師對一位患有精神疾病的患者說：「即使症狀改善，還是繼續服藥比較好。」患者聽了之後反問：「那我這輩子都要吃藥嗎？」

「不服藥」和「一輩子都要服藥」就是一種「極端」對「極端」的二選一思考。

事實上，這個案例還可能有各種不同的情況，例如「無須每天服藥，只有狀況不佳時服用」、「停藥後疾病復發，再度開始服藥」等等。

比起「精神症狀導致狀況不佳很難受」這個當下的煩惱，患者更擔心「十年後是不是還需要服藥」。當一個人會擔心完全無法預測的十年後時，不安與擔憂就會無限增加。

用「二分法思考」的「二選一」考量事物時，選項就只剩下「極端的兩種」，使得「不可控感」更加強烈，也容易讓人產生更多的壓力。

這也是容易罹患精神疾病的人的特徵。

脫離「零或一百思考」，選項就會變多

「有喜歡的人，但無法告白。」

舉例來說，你在職場上有個喜歡的人，此時正在猶豫要不要告白。

若是用「告白」或「不告白」這種二選一的方式思考，會讓人想到告白帶來的

壞處，例如「不希望被拒絕導致關係尷尬」或「不想被冷淡對待而受傷」，因此一定會決定「不告白」。

接下來，讓我們試著用「零或一百思考」以外的方法想想該怎麼辦。

告白的目的是什麼呢？

「想知道對方對我的想法，還有對方是否對我有好感。如果對方也有好感，想進一步交往。」

如果可以事先得知對方對你是否有好感，在判斷對方有好感時再告白，失敗的機率就會大幅降低。你也不會因為告白失敗而傷心受挫。

- 到外地出差時購買特別的土產。
- 買給對方的禮物比給別人的貴一些，表現出兩者的差異。

用這些方法，藉由「非語言」的方式表達你的好感，再觀察對方的反應。如果對方很高興，你們就有可能發展。若是對方看來很困擾，就代表你沒有機會。

或者也可試著邀約對方「去附近的義大利餐廳」一起吃飯。若對方答應單獨跟你用餐，就是有機會。如果對方的答覆是「想約朋友一起」或「最近有點忙」等明顯的藉口，或許代表你們之間不可能。

邀約一起用餐是常有的事，即使被拒絕也無妨，精神上應該不至於受到打擊。

擺脫「告白」或「不告白」的「零或一百思考」，會發現有許多告白以外的方法都能做到「間接表達你的好感」、「測試對方的好感」。

擺脫「零或一百思考」想法就會變柔軟，能想到各式各樣的點子與應對方法。

3 加入「普通」這個選項會更輕鬆

認為自己「很普通」，心情就會變輕鬆

讀到這裡，相信有些人還是會堅持「凡事要分清楚黑白，否則就不舒服」。

接下來會舉出幾個具體的煩惱案例來說明。

我在X上辦過一場投票，問題是：「你擅長在群眾面前說話嗎？」結果，回答「擅長」的人有十七．八％，回答「不擅長」的人占八十二．二％。

六個月後我又辦了一次同樣的投票，這次選項有三個：擅長、普通、不擅長。結果，九．四％回答「擅長」，六十七．一％回答「不擅長」，二十三．五％回答「普通」。

只是加入「普通」這個選項，回答「不擅長（說話）」的人就從八十二．二％降到六十七．一％，約減少了十五％。

在「擅長或不擅長」這種「零或一百思考」下，負面想法較強的人很快就會認為自己「不擅長」。不過，加入「普通」這個選項後，就有多達十五％的人認為自己「不算不擅長，應該算普通」。

反之，在三個選項的投票中回答「擅長」的人也從十七．八％減少到九．四％，大概只剩下一半，也就是說，「真的擅長在群眾面前說話」的人不到十分之一。

即使你不擅長在眾人面前說話，也完全沒必要因此悲觀。

你或許覺得「我就是不會在大家面前說話，真沒用」。

事實並非如此。九〇％以上的人都不擅長在別人面前說話。「會說話」是非常高難度的技能。你是占了九十一%的多數派，沒有必要勉強自己學會這個技能。

只看一個案例可能會有人懷疑不是真的。接下來讓我們用其他例子再次驗證。

這是我在X上舉辦的投票：「你的自我肯定感是高還是低？」

回答「高」的人有二十六・二%，回答「低」的人為七十三・八%。

同樣在六個月後再次舉辦同樣的投票，這次的選項有高、普通、低。結果回答「高」的人有十三・八%，「低」是五十八・四%，「普通」有二十七・八%。

加入「普通」這個答案之後，回答「自我肯定感低」的人從七十三・八%減少到五十八・四%，足足少了十五・四%。

此外，改成三個選項後，回答「高」的人從二十六・二%減少到十三・八%。和「會說話」的投票一樣，減少了大約一半。

有些人會因為「自我肯定感過低」而煩惱、沮喪甚至自責。然而，每七個人裡面只有一個人認為自己「自我肯定感很高」，其他六個人都覺得自己「自我肯定感不高」。「自我肯定感低的人」更是超過半數。

也就是說，「自我肯定感不高」其實是很正常的。你是多達八十六%的多數派，真的沒有必要自卑。

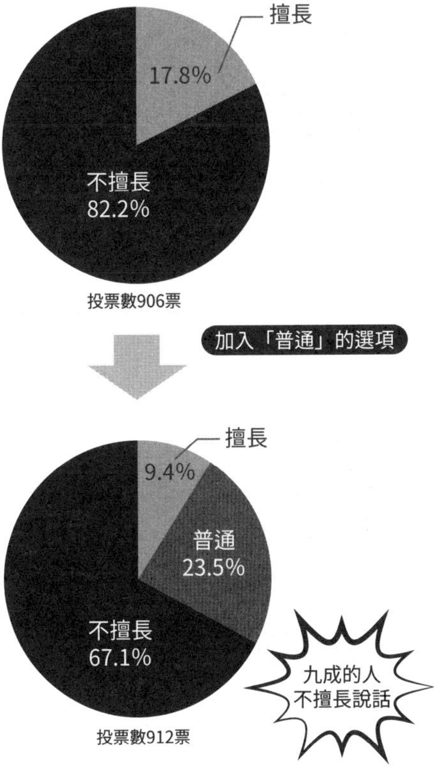

你擅長在群眾面前說話嗎？

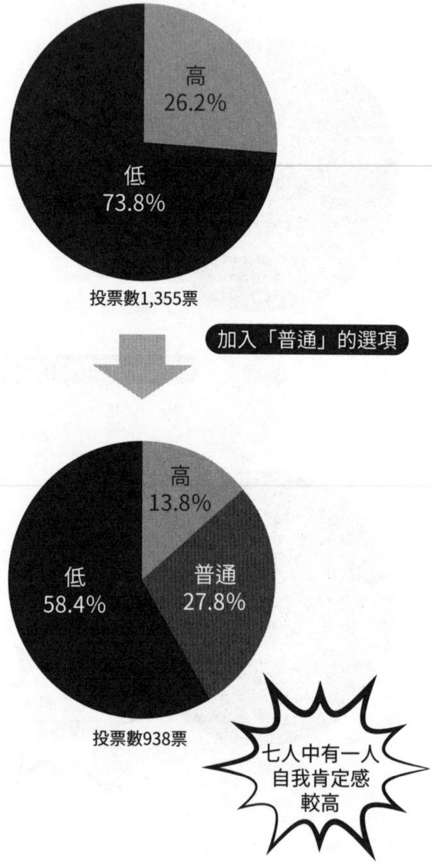
高
26.2%
低
73.8%
投票數1,355票
加入「普通」的選項
高
13.8%
普通
27.8%
低
58.4%
投票數938票
七人中有一人
自我肯定感
較高

你的自我肯定感高嗎？

修正「認知偏誤」，意識到「普通」

別去想「好或不好」，要以「好」、「普通」、「不好」來思考。
別區分「喜歡或討厭」，要以「喜歡」、「普通」、「討厭」來思考。
別選擇「零或一百」，其實「六十五」、「七十」也是可能的選項。
這樣小小的思考切換，就能讓你的心情輕鬆許多。

認知偏誤中有一種**「負面偏誤」**。
比起正向的事物，人更容易被負面資訊拉著走。例如：

- 比起優點，更容易注意自己的缺點。
- 比起工作上「順利的部分」，更容易注意「不順利的部分」。
- 比起「別人的誇獎」，更容易記得「別人的批評」。
- 比起正面的新聞，更容易被負面新聞吸引。

你擅長在群眾面前說話嗎？

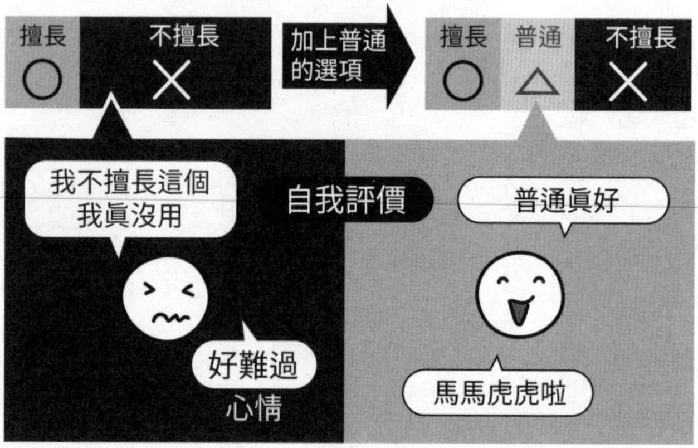

加上「普通」，人對自己的評價就會改變

這些全都是「負面偏誤」。

也就是說，在「自我肯定感高或低」的二選一問題中，會判斷自己是「低」，其實是一種認知偏誤，也是大腦基本的邏輯。

「想法偏負面」不是你的個性，而是大腦的機制。因為是「大腦的邏輯」，因此即使我們希望自己「別再用零或一百思考」、「改掉負面思考的習慣」，還是很難修正。

請意識到「三個選項思考」和「加入『普通』這個選項」。每個人都可以從今天開始這麼做。

別逼自己選「快樂還是痛苦」，試著加上「普通」、「還過得去」、「馬馬虎虎」的選項。如此一來，「痛苦」就會變成「還過得去」。

感到「難過」與「痛苦」是煩惱的其中一個特徵，但只要透過這個簡單的方法就可以有效減輕。

請放心，你是「多數派」

「我有這樣的缺點和不足。只有我是這樣，真是不幸。」

大多數人都不喜歡脫離平均值，認為「普通」和「跟別人一樣」令人感到安心舒適，一旦脫離這個範圍就會感到不安，希望自己能夠回到「普通」的範圍。

請各位放心。

你「跟別人一樣普普通通」。

舉例來說，不擅長在群眾面前說話的人，經常會覺得「我也好想跟別人一樣能在大家面前大大方方地說話」。然而，看了前面提過的投票就會發現，每十個人裡面只有一個人認為自己「擅長說話」，剩下的九個人都不擅長。

你「普普通通」

「不擅長說話」其實很正常，是壓倒性的多數派。為什麼我們還會因此而煩惱？你普普通通，是多數派，所以沒有必要煩惱。

大家都有同樣的自卑感

絕大部分的人明明跟其他人一樣「普普通通」，內心卻懷抱著自卑，還因此感到煩惱。

為了證明這個假設，我在X上辦了十場投票。

「你是內向還是外向？」

回答「內向」的人占了八〇％。也就是說，內向很普通，外向比較特別。

「有多少人因為職場人際關係而煩惱呢？」

調查發現，有六十七．二％的人「因人際關係感到煩惱」；換算起來，每三人中就有兩人因為人際關係而苦惱。

職場人際關係不好的人，或許會想「我怎麼會在這種公司工作」、「我也太倒楣了」，然而這世上有三分之二的職場人際關係都不太好。人際關係不佳的職場是很普通的，是多數派。

大家都因為同樣的事而煩惱

「爸媽是毒親讓我很煩惱。」

我在X上舉辦過「你的父母是毒親嗎？」的投票。

結果，回答「是」的人高達四十九．四％。也就是說，大約每兩人中就有一人認為自己的父母是毒親。附帶一提，這場投票總票數為九〇五票，投票人數並不少。毒親到處都是，並不特別。

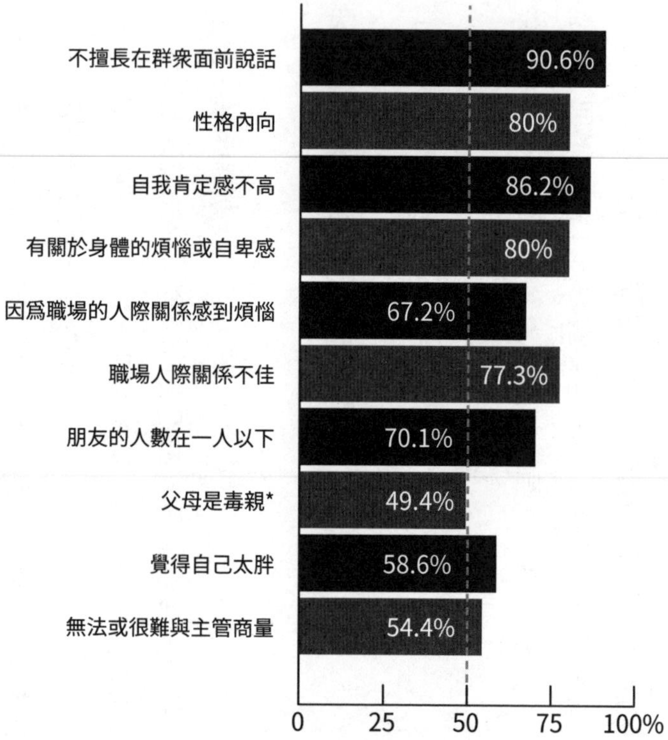

大家都有相同的煩惱

＊ 編注：毒親（toxic parents）或稱有毒的父母，指的是對孩子有害的家長。

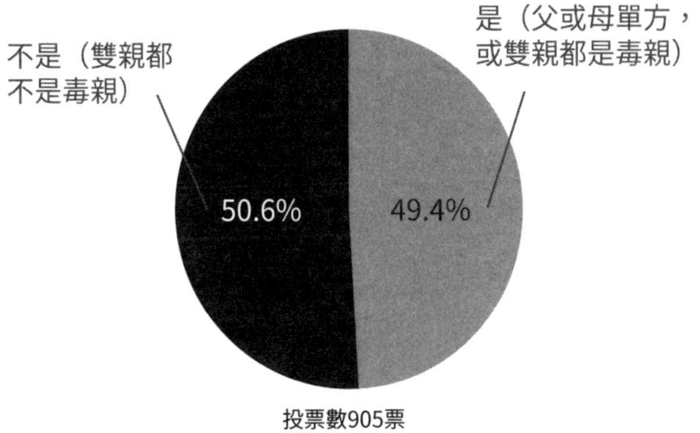

你的父母是毒親嗎？

「父母是毒親」也是普通的狀況，父母本來就會想支配孩子。或許父母就是這樣的存在。

「我被診斷為發展障礙，心情很沮喪。」

在我的YouTube頻道收到的提問中，許多都是這類問題。當自己或孩子被診斷為發展障礙，的確讓人感到震驚。我也非常了解聽到自己是發展障礙時的沮喪心情。

那麼，這個社會上究竟有多少人有發展障礙呢？

最近的研究發現，日本的兒童當中約有六至一〇%被診斷為發展障礙。美國的研究發現，約有一〇%的人在二十歲前到精神科就診並被診斷為發展障礙；也就是說，每十人中就有一人是發展障礙。

除此之外，還有「發展障礙灰色地帶」，指的是有些人雖然還不到發展障礙的地步，但確實在生活中感覺到困難。

一般推測「發展障礙灰色地帶」的人數與發展障礙者相近，如此一來，每五人中就有一人是「發展障礙」或「發展障礙灰色地帶」。因此，即使發現自己符合網路上的發展障礙測試表中的其中幾項，也完全不需要驚訝。

發展障礙的行為特性有負面效果，也有正面效果。有許多公眾人物都坦言他們患有發展障礙。因此，即使有發展障礙，也不會讓你的人生就此黑白。

煩惱的原因在於「你自己」

對正在煩惱的人來說，每個煩惱都很嚴重。「痛苦」與「難過」的負面情緒揮之不去。

然而，我想表達的是，一旦看過統計資料就會明白，「只有我才有這種狀況」、

「只有我這麼不幸」是明顯的錯誤。

絕大部分的人都不會發現世上大多數的人都跟自己有一樣的煩惱。因此明明是「壓倒性多數」，卻覺得自己是少見的廢物，認為只有自己這麼糟糕，因而悲觀、自責、自卑，在精神上苛責自己，製造出負面情緒，煩惱也愈來愈嚴重。

其實，你的煩惱源於你自己。

我相信幾乎所有的煩惱都能夠化解。

而化解煩惱的第一步，就是知道自己「普普通通」，是「多數派」。

為了解析社會大眾有什麼煩惱，本書刊載了我在X上做的二十份以上的調查，我將這些資料收集起來，投票數大約都有一千票左右。網路上也有許多調查與問卷，但填寫者多半較少，只有五百人以下。

根據這些調查結果，我想大聲呼籲：

不是只有你正在煩惱，也不是只有你很不幸。

你其實很普通，甚至是「多數派」。因此，請不要苛責自己。

能夠打從心底理解「大家都為了同樣的事煩惱」之後，大部分的負面情緒應該都能昇華。

第五章　不要一個人煩惱

（改變觀點②）

1 用別人的觀點看事情

當你已經獨自煩惱了一週，再繼續煩惱也沒用

如果一個人只用自己的觀點，也就是自己的經驗、體驗和想法去思考，「答案」和「選項」的範圍就會比較狹窄。

當然，我們活到現在，突然要改變想法或觀點也很困難。

不過，還是可以借用別人的腦袋，利用別人的經驗與知識。有些煩惱了好幾個月的問題，在得到專家的建議之後一瞬間就能解決。

若你已經獨自煩惱了一週，之後再繼續煩惱也只是浪費時間。即使用上自己所有的知識與經驗再努力思考一週，想出好方法的可能性還是很低。

這時的你陷入「視野狹窄」的狀態，或許已經開始恐慌。

你的煩惱真的無法解決或化解嗎？其實並非如此。

經驗豐富的人（職場的前輩、主管）或專家擁有比你高的觀點。你可以借用他們的觀點。在我的 YouTube 頻道搜尋影片也會有幫助。

然而，絕大部分的人都不會這麼做。「視野狹窄」會讓我們無法想到「找人商量」與「搜尋」等方法。

借用別人的觀點，其實就是「找人商量」與「搜尋」。說起來很簡單，實際上卻有許多人做不到。

試著請教專家

「我很不會投三分球，希望可以提高成功率。」

這是一位高中生籃球隊員H的煩惱。H很會傳球和運球，但三分球老是投不進，因此無法當上選手。

H花了一個月，每天都留下來練習投三分球，也非常仔細閱讀籃球教學書籍。然而，三分球的成功率一直都沒有起色。

「根本沒有進步，我該怎麼辦。」

首先，最好先停止「一個人練習」與「獨自煩惱」。整整一個月每天都留下來練習卻沒有進步，代表練習方法一定不正確。

於是H向教練尋求建議。

「你準備投籃時，下半身是穩定的，但上半身還有運球後的晃動，並不是靜止的，頭也有些微晃動，因此沒有抓好你到籃框之間的距離。」

H聽從教練的建議注意投籃時的姿勢，之後投出的三分球漂亮地通過了籃框。

自己一個人煩惱一週、一個月都無法解決的問題，聽了專家或專業人士的建議之後一瞬間就解決，這是常有的事。

一個人獨自努力並不是一種「美德」，而是「浪費時間」。

2 扮演別人

「比利．懷德會怎麼做？」

聽說知名編劇三谷幸喜在寫劇本時，若是遇到瓶頸，就會問自己：「比利．懷德會怎麼做？」

比利．懷德是一位大導演，因《公寓春光》、《七年之癢》等作品聞名遐邇，也是三谷幸喜最敬愛的電影導演。

因此，當三谷寫劇本不順利時，他會思考：「比利．懷德會怎麼做？」

「如果是比利．懷德，他不會這麼做。絕對會是那樣發展。」

「如果是比利．懷德，應該會寫這樣的台詞。」

據說三谷幸喜就是藉著扮演比利．懷德而寫出了有趣的劇本。

附帶一提，比利．懷德的工作場所掛著一方匾額，上面寫著：「恩斯特．劉別謙會怎麼做？」恩斯特．劉別謙是帶給比利．懷德極大影響的電影導演。三谷其實也是模仿了比利．懷德的方法。

這就是借用別人的觀點，從別人的立場來看事物，也就是「扮演別人」。

即使是幻想或妄想也沒關係，請試著扮演你尊敬、喜愛的人物。

因工作上的判斷而煩惱時，試著問自己「坂本龍馬會怎麼做？」接著你就會想到，坂本龍馬是很有行動力的人，總是很快就會採取行動。

透過扮演別人解決困境的提問法

「如果是●●，會怎麼做？」

（你很尊敬的人）會怎麼做？

比利．懷德會怎麼做？

坂本龍馬會怎麼做？

利用「角色扮演對話」切換到別人的觀點

「在工作上出了錯，被課長大罵了一頓。課長這個王八蛋！」

受到責罵或嚴厲訓斥時，我們的情緒會不穩定，即使告訴自己「要用中立的立場觀察」，腦中還是充斥著「某某人是王八蛋」的惡劣情緒，很難冷靜下來。

這時，不妨試著「切換到主管的觀點」。

如果你是「課長」，下屬發生同樣的錯誤時，你會如何面對呢？你能夠冷靜地用具有邏輯性的方式教育下屬嗎？

請扮演「課長」的角色，試著想像課長與你的對話。

以下以一三五頁介紹的「交貨日問題」為例。

課長：「你說客戶聽錯了交貨日，但公司不是規定交貨日要書面通知嗎？」

你：「是的，但這次是客戶一直要我『現在馬上說出交貨日』，因此我打電話到商品管理部詢問後當場口頭告訴客戶。」

課長：「之後你應該要再補上書面通知。」

你：「我沒有補，這是我的疏失。」

課長：「郵件裡有留下交貨日的紀錄嗎。」

你：「啊，我有寄郵件。八月三日的郵件有寫『交貨日九月十五日』。」

課長：「這可以作為證據。不過就算寫了郵件，也不能確定對方看了。之後你還有再確認交貨日嗎？」

你：「我寄了郵件，就覺得對方應該知道了。」

課長：「不能只是覺得，要好好確認。日期跟時間弄錯會有大麻煩，為了防止誤會，今後書面跟口頭都要確認。」

想像擔任主管職務，必須給予建議與指導的是你，再用這種立場試著跟自己對話。如此一來，就能清晰整理出當時的狀況：你與課長溝通時受到情緒影響，事實傳達並不明確。

此時，我們已經看清了「修正點」，可以預防下次再犯同樣的錯誤。

小學、國中時，父母與老師應該教過「要站在對方的立場思考」。不過，這句

轉換到別人觀點的提問

如果是〇〇會怎麼做？

比利·懷德會怎麼做？
嘗試模擬別人的行動與思考模式

為什麼〇〇會××？

爲什麼課長會生這麼大的氣？
扮演對方的角色，試著想像對方的情緒與感受

如果我是對方的立場，我會怎麼做？

如果我是課長，我會生氣嗎？我會怎麼處理？
(透過想像)重現當時的狀況，以中立的立場觀察

話說來簡單，實際上做起來有些難。

我們可以試著用「（如果我）是課長的話會怎麼做？會怎麼說？」的設定來思考。就像寫電影劇本一樣，試著寫出「角色扮演對話」，用其他的角度驗證同一件事。

寫下「角色扮演對話」，就能輕鬆轉換觀點，用別人的觀點來思考。

「容易緊張」該怎麼辦

「開會或上台報告時，我會緊張到無法在眾人面前說話。」

「在群眾面前說話會緊張」是常見的煩惱之一。常有人問我：「樺澤先生在這麼多人面前演講都不會緊張嗎？」事實上，我真的完全不會緊張。我最多曾在一萬五千人面前演講九十分鐘，當時也完全不緊張。以下是我在演講時使用的方法。

首先，我會先觀察來到會場的聽眾是什麼樣的人，每個人是用什麼樣的態度在聽講，是在記筆記，認真聽講，還是一臉無聊其實沒在聽，注意力有沒有集中，對

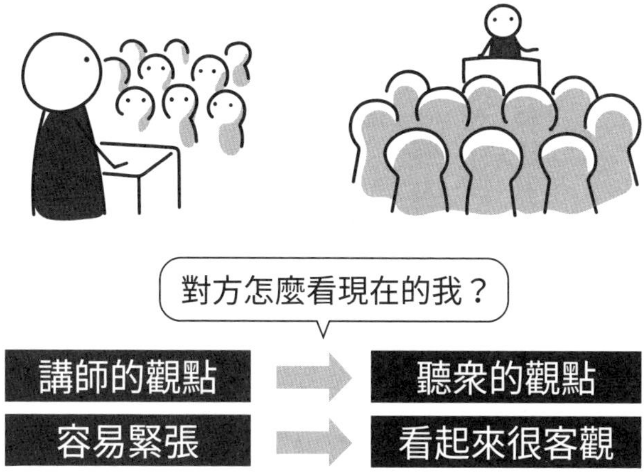

轉換到別人的觀點

每一段內容感興趣的程度，眼睛的神采有沒有變化……等等。

接著，我還會注意自己與聽眾的眼神交流，按照順序和所有聽眾眼神交會，這是為了讓聽眾感覺到「我是在對他們說話」。

以上都是我在演講當下同時在做的事，因為要做的事太多了，根本沒有時間緊張。

在人前說話會緊張的人，其實是因為觀察了自己，才會發現「自己在緊張」。不要觀察自己，試著觀察眼前的每一個人，心境就會完全不同。

說話時要意識到台下所有人，其實是一件很吃力的事，也很需要注意力。

因此，這麼做會讓你完全沒有時間思考「自己是不是在緊張」。

換句話說，我雖然在台上演講，但我的意識就像是「附身」在台下某位聽眾身上。從聽眾的表情與視線，我能夠察覺他們心裡的感受是「有趣」、「有興趣」、「無聊」或「沒興趣」。

這也是一種觀點的轉換，是「扮演別人」的技巧。

能做到這件事，就能與聽眾成為一體。當我一邊演講，一邊化身為聽眾聽自己說話，就能夠把內容盡量調整到「有趣」，發揮最棒的臨場表現。

糟糕的演講者只會用「自己的觀點」演講，不在乎聽眾的反應。即使聽眾露出「好無聊」的表情，他們還是只會繼續唸出準備好的講稿。

他們總是只觀察自己「講得好不好，有沒有講錯」和「我是不是在緊張，心跳愈來愈快了」，因此陷入泥沼。

別觀察自己，要觀察對方。這就是在人前「好好說話」的祕訣，也是「溝通的祕訣」。

不過，扮演別人的角色，用別人的觀點來看事情，並不是件簡單的事。這時，請你這樣問自己。

「在對方眼中，現在的我看起來是什麼樣子？」

試著把自己的意識投射到一位聽眾身上，就能從聽眾席上看到自己的模樣。

「啊，我彎著腰，駝背了。」

「說話的速度有點太快了。」

「一直看時鐘，感覺怪怪的。」

如果有需要修正的地方，就一個一個調整。用客觀的眼光看自己，是很簡單就能做到的。

窺視主管內心的方法

「不知道主管在想什麼。」

「無法接受主管的做事方法。」

對於想要化解煩惱的人，我的建議是看書。

因為只要五分鐘，就能理解「這個煩惱」的原因與應對方法。閱讀對化解煩惱有幫助的那幾頁，就只需要五分鐘。

我認為，明明只要看五分鐘的書就能找到化解煩惱的方法，卻為此苦惱了好幾個月，完全就是浪費時間與精神能量。

為什麼讀書可以幫助我們化解煩惱呢？這是因為我們可以藉由讀書窺視「別人的內心」。**人際關係之所以會發生衝突，是因為我們不了解對方在想什麼。如果知道對方的想法，就能輕鬆找到應對方法**。閱讀書籍可以讓我們很快了解對方在想什麼。

舉例來說，身為一般員工的你，不論思考多久都無法理解「主管」的思考方式、重視什麼、如何下達指示。如果只用自己的大腦和經驗試著解決，那麼在你升上主管職之前，問題都無法解決。

不過，只要讀了《主管不說，但你一定要懂的50件事》，就能清楚了解「主管」的想法。

舉例來說，假設現在發生了這樣的狀況。

「報告、聯絡、商量很重要。可是我在狀況發生變化時報告主管，主管卻說我『太慢了』，每次都報告進度主管又嫌我『很煩』，到底在什麼時候報告才對？」

你明明是照著主管的要求去做，為什麼主管還是生氣？這是因為兩者之中有落差。

下屬的「這樣做就對了吧」和主管的「希望你這樣做」之間有所落差。職場人際關係發生問題的理由之一，就是下屬沒有理解主管的期待。

或許你每天都在苦惱，不斷嘗試該怎麼做才對。不過，其實你不用一直嘗試，只要讀幾本書，書中都會告訴你。

《主管不說，但你一定要懂的50件事》介紹了主管在「報告、聯絡、商量」時的十三個要求。

這些要求有：

1. 在主管詢問前就告知現在狀況。
2. 希望下屬傳達事實。
3. 希望下屬說話時能以自己為主詞。
4. 希望下屬坦白。
5. 壞消息要早點報告。

6. 中途過程也要報告。
7. 整理出重點再報告。
8. 從結論開始說。

……等等。

我想，沒有人會自然地遵循以上所有的規則進行「報告、聯絡、商量」。有許多人在報告時會「偏袒自己」或「延後說出壞消息」，或是從來沒有想過以自己為主詞。

主管對你的要求是什麼？他的期待是什麼？即使你無法同理主管的想法，只要讀了書就能得到相關知識。雖然書中寫的不見得永遠都是對的，但**讀的書愈多，你思考的基準與工作時遵守的準則也會愈來愈完整。**

3 擁有未來的觀點

1 現在做不到也沒關係

「公司問我要不要派駐海外，但我對英語沒有自信，很想拒絕。」

公司詢問I半年後是否可以派駐紐約分公司。去紐約分公司是出人頭地的好選擇，但責任比較重，I認為自己對英語會話沒有自信，去紐約工作負擔太重。煩惱了許久，最後還是拒絕了派駐海外的機會。實在非常可惜。

你不擅長英語會話，或許是指你的英語還沒有到達能在商務場合使用的水準。不過，從現在到赴任還有半年時間，只要在這段期間拚命學習英語就好。每天若能花三小時學英語，在短期間內就能進步不少。

I用現在的觀點評估「自己的實力」與「在紐約分公司工作」，發現自己的實力明顯有所不足。這或許是事實，但距離派駐還有半年，I只需要在半年內努力成長，提升實力就好。只要「半年後自己的實力」配得上「在紐約分公司工作」，就什麼問題也沒有。

「現在的自己做不到」也沒關係，半年後「可能」做得到就夠了。

I該做的是在這半年期間努力精進，讓自己符合標準，相信半年後的自己。

最後做得到就好

「現在的成績考不上想去的學校。」

絕大部分的人都是以「現在的實力」和「現在的我是否做得到」來判斷將來的事。不過，人類一直都在成長，也能夠不斷成長。透過努力學習與運動鍛鍊，可以讓我們慢慢變強。

如果明天就是大考，你的成績可能真的考不上理想的學校。然而，距離大考還有一段時間，代表你還有機會急起直追。

以下是我的親身經驗。

高三升學面談時，班導告訴我「以你現在的成績考不上札幌醫科大學」。在我就讀的高中，想應屆考上札幌醫科大學，成績必須在全學年的二十名以內。而我當時的成績大致上每次都在五十名上下，在統計上來說，班導的建議是正確的。

不過，當時的我沒有理會班導的話，只說了一句「就算這樣我還是要考札幌醫科大學」。我的出身地就是札幌，當時真的非常想進入作家渡邊淳一的母校札幌醫科大學。

我很努力唸書，遺憾的是並沒有應屆考上。

面對「沒考上」的現實，我是這麼想的。

「這樣下去不行。我該做些什麼，才能在一年後考上札幌醫科大學？」

從欠缺的實力計算，我預估一天如果能唸書十小時以上，應該就考得上。

因此，我立下了「一天唸書十小時」的目標，從當天開始下定決心去補習班，每天認真讀書。結果整整一年間我每天都達成了「一天唸書十小時以上」的目標，沒有一天懈怠，每天都讀書十至十二小時。

第二次報考札幌醫科大學，交出答案卷時我心裡篤定一件事：

「啊，我考上了。」

第二次報考札幌醫科大學，數學有很多難題，英語也出了幾乎來不及作答的長文章考題，不過，兩個考科都沒有我答不出來的問題。現在回想起來，十九歲的我一天唸書十小時，每天都不間斷，真是值得誇獎。我想對當時的自己說「你真的很努力」。

為什麼我能夠堅持下去呢？因為我相信一年後自己的學力會提升。我想像自己進步到能夠考上札幌醫科大學，倒推出來的方法就是「一天唸書十小時以上」。

現在回想起來，當時的我就是用一年後的觀點在思考。

就算現在的自己做不到，只要一年後做得到就沒問題。相信未來的自己，最後能取得勝利就好。

第二章提過我們必須「專注於現在」，然而，如果只用「現在的觀點」判斷事物，我們一定會對大部分的挑戰說「不」。必須以未來的觀點洞悉事物，從未來倒推計算，全力去做「現在」做得到的事。

誰都不知道未來會發生什麼事，因此要擁有「未來的觀點」加上「現在做得到的事」。「現在做得到的事」一件一件累積起來，就會構築出未來。未來是我們可以控制的。

即使只有三十分鐘人類也能成長

動作片或格鬥漫畫常有「在戰鬥中愈打愈強」的情節。

與宿敵的最終對決，主角發出的第一擊完全比不上對手，然而，即使受到攻擊、倒地，主角還是會想出新招式，最後用一招剛開始完全想不到的必殺技打敗對手。

漫畫中用了許多頁數描述的戰鬥場景，換算成實際的時間大概是三十分鐘左右。**即使只有三十分鐘，集中精神思考並不斷嘗試錯誤，一定會有所成長。**

腦科學也已經證明了這一點。

在極度集中精神的狀態，壓力增強時身體會分泌「正腎上腺素」，戰勝壓力時則會分泌出「多巴胺」。

這兩種物質都有極高的增強記憶效果。簡單來說，它們能夠改變大腦的迴路連接，也就是讓大腦比三十分鐘前有所成長。

經過訓練，大腦與身體會確實成長，即使現在的你做不到，三十分鐘後就能做到。還不會騎腳踏車的小孩在練習時不斷跌倒，不斷摀著膝蓋呼呼，但三十分鐘後就已經騎得很好，這是常有的事。

「現在的自己做不到」是沒問題的。

今天能做到昨天做不到的事，就是一種成長。

所謂「相信未來的自己」，指的是「相信未來有所成長的自己」。

為了成為「有所成長的自己」，我們當然必須採取行動努力或鍛鍊。

什麼都不做，每天過得渾渾噩噩，只會讓大腦跟身體退化、老化和衰弱。

2 讓時間幫你一把

一邊觀察一邊等待

「都看了一個月醫生，完全沒有好轉，藥也沒有效，這種醫生無法信任，換一間醫院吧。」

有許多患者會因為這樣的理由而不再就醫。

若是罹患憂鬱症，醫師會開立抗憂鬱藥物，這類藥物需要三個月才會發揮藥效。初診時我也會向患者說明。也就是說，絕大部分的患者都是「看了一個月醫生，症狀完全沒有好轉」，那些「才一個月就明顯好轉」的患者才是少數。

抗憂鬱藥物的治療效果為六〇至七〇％，也就是說，若持續就醫三個月，每三人中有兩人症狀會緩解。但實際上，每兩人中就會有一人不再持續就醫。

即使醫師為患者開了適合的藥物，症狀也要三個月才能緩解。就算醫師已經把事實告知患者，還是有一半的人「無法等待」。

這種「無法等待」而慌亂無措的狀況，經常會導致症狀惡化。

舉例來說，因為失戀而感到創傷。剛剛失戀造成的「情緒低落」確實會令人非常難受，但絕大部分的人都會隨著時間過去而痊癒。

不過，還是有許多人會怒吼「我被甩了，真過分」、「你這劈腿的渾蛋」、「爛男人」，不斷重複「悲傷」、「憤怒」、「不滿」的情緒，強化這段記憶。若沒有過多的發洩，失戀的傷害可以在兩、三個月後遺忘，但若一直慌張掙扎，可能過了一、兩年還深陷其中。

請靜靜等待直到你的創傷痊癒。什麼都不要做，只要觀察就好。

好好利用「時間流逝」，這是處理煩惱非常有效的方法。

「觀察」是好事

除了精神科，內科與皮膚科醫師也常說「再觀察」。聽到這句話，許多患者會覺得失望，以為醫師「什麼都沒做」。

「再觀察」的意思，其實是「（即使不吃藥應該也會自然痊癒，所以）再觀察看看」。若是症狀惡化，患者一定會抱怨，因此「再觀察」是醫師對自己的判斷有自信的發言。也就是說，能夠正確觀察患者的醫師就是「名醫」。

除了患者之外，還有許多人也不喜歡「觀察」。感到不安時，身體會分泌正腎上腺素，促使我們採取行動，此時「什麼都不做」會讓不安的情緒更加強烈。因此，我們一定要做些什麼，否則會坐立不安。

在醫院就診時，要相信醫師的話。

在商務場合，要相信自己對未來的預測。

相信團隊成員與下屬的工作表現，會讓我們選擇「再觀察」。

舉例來說，公司有一項耗時一年的大型專案，經過半年還沒有預期的成果。這時，要更換專案組員，還是要相信現在的組員，讓他們繼續努力？

如果沒有太離譜的狀況，在只剩下半年的情況，已經沒有時間更換組員，從頭開始交接工作，再進行教育訓練。

除了做一些小小的補救措施，同時也需要相信組員，選擇「再觀察」。

想要化解煩惱時，「時間」通常是我們的好幫手。若你「已經確實在做該做的事」，慌亂失措而不斷改變決定通常只會有負面效果。

相信自己未來的成長，相信未來的自己與夥伴，相信「時間」，選擇等待。

「再觀察」是一種非常重要的應對方法。

等待一段時間

「母親過世了，我感覺心裡開了一個洞，什麼事都做不了。」

「相伴超過十年的寵物走了，無法平復震驚的情緒，振作不起來。」

無法從至親好友與寵物過世帶來的衝擊中重新振作，是很多人都有的煩惱。這種時候，我們當然會「心理嚴重受創」，也無法在一個月之內振作。「死亡」帶來的衝擊會纏著我們不放，這是十分正常的心理狀態。

但是，過了幾年，你會慢慢接受至親好友的「死亡」。

藉由「時間」這個拉遠鏡頭的工具，煩惱就能夠減輕。

時間能化解煩惱的原因

1 想法整理：好好思考的時間。

2 情緒整理：情緒會得到整理。

3 等待效果出現：脫離原地踏步的狀態。

4 遺忘：即使很痛苦，也會隨著時間流逝逐漸淡忘。

時間會解決許多事。
也會解決你今天的煩惱。

——戴爾・卡內基（自我啟發之父）

需要多久才能讓震驚的情緒平復

一般來說，人需要多少時間才能接受「死亡帶來的衝擊」並重新振作呢？

有一份研究追蹤兩百零五人在扶養親屬過世後的心理狀態，發現「親屬死亡後六個月與十八個月本人仍有較高的憂鬱狀態，但在十八個月後大部分的人都已經脫離憂鬱」。

要接受至親好友的死，需要十八個月，也就是一年半。療癒心傷需要「時間」。不過，研究也發現有少數人需要二至三年才能痊癒。

有些人會因為「都過了半年還是無法接受事實」而感到自責。我想，如果他們知道研究發現人在親朋好友過世半年後仍容易陷入憂鬱狀態，就會了解這是常有的事，心情也會因此平復。

除了家人或寵物的死，人要接受「非常令人震驚的壞事」所需的時間，也可以參考這份研究。

有一些煩惱無法立刻化解，但隨著時間流逝，就會自然而然煙消雲散。

急著想要解決，不斷將同一件事說出來，反而可能會增強記憶，造成反效果。

隨著時間流逝，我們就會接受事實。

不要焦急，好好利用「時間」這個拉遠鏡頭的工具。

3 相信未來的夥伴

「公司問我要不要擔任大型專案的經理，但我做不到。」

公司詢問J是否願意擔任耗時一年，業務總金額十億日圓的專案經理人。J曾經當過幾次專案經理，但從來沒有遇過這麼大的案子。J說「我完全沒有自信，很擔心專案會失敗，給公司添麻煩」。

看看自己現在的實力，確實有所不足，因此做出的判斷或許很實際。不過，這個專案會持續一年。只要在一年後專案結束時能力有所精進，能夠領導專案成功就好了。為什麼無法相信未來的自己呢？

而且，專案並不是一個人的工作。

身為專案經理，需要做的就是召集組員並提高團隊績效。開發組員潛力是專案經理的責任。或許一個人的能力會有所不足，但你能夠借助夥伴的力量。即使是困難的專案，只要集結眾人的能力就有可能成功。

擁有未來的觀點，指的不僅是「相信未來自己的成長」，還有「相信未來夥伴的成長」。

自己一個人做不到的事，和夥伴同心協力就能做到！

在《鬼滅之刃》、《咒術迴戰》、《航海王》等少年漫畫中，這是經典中的經典主題。相信你也曾看過「相信夥伴」的漫畫，但在現實中，你卻一點也不相信夥伴，這對你的夥伴真的非常失禮。

讓你獲得未來觀點的提問

我們必須擁有未來的觀點，相信未來的自己。

若你的自我肯定感較低，即使理解了這一點，或許還是無法相信未來的自己。

那麼，有一個提問可以幫助你輕鬆獲得未來的觀點。

「為了在（期間）後達成（目的），我現在該做些什麼？」

為了在一年後去美國留學，我現在該做些什麼？
為了在一年後讓新專案成功，我現在該做些什麼？
為了在一週後的定期測驗及格，我現在該做些什麼？
為了減輕二十年後退休生活的經濟疑慮，我現在該做些什麼？
請配合你的目的，在「期間」欄填入「一年」、「半年」、「三個月」、「一週」等具體時間。

「以我現在的成績根本不可能考上Z大學，怎麼辦？怎麼辦？」
這是正處於煩惱中的停滯狀態。不知如何是好，也無法前進，因此感到壓力。
這時，可以先問自己：「為了在半年後考上Z大學，我現在該做些什麼？」
你會想到很多現在能做的事，例如：

- 每天唸書十小時。
- 先克服不擅長的數學。
- 先設法做完過去三年的考古題。

- 先寫完五本測驗卷。
- 每天背十個英語單字。

只要問自己一個問題，就能想出很多必須做到的事。之後只要一項一項完成它們就夠了。

一年就能讓英語進步（我的留學經驗）

「我想去國外留學，但對英語程度沒自信。」

三十九歲時，我到美國伊利諾大學留學了三年。在出發留學之前，我有一年的時間準備。

當時，不太擅長英語的我，英語會話能力超級差。這時，我問自己：

「為了一年後有足夠的英語能力去美國留學，我現在該做些什麼？」

我的答案是「一天讀英語三小時」。

我決定一週上兩次英語補習班，包括和外籍教師一對一的課程。

每天我還會花三小時聽英語聽力教材。通勤、開車、用餐，所有空閒時間我都在聽英語。

在一年內聽一千小時的英語，是能夠讓英語聽力突飛猛進的馬拉松。實際上，超過六百小時後，我的聽力就有了飛躍性的進步，自己也十分吃驚。

一年後留學時，我的表現如何呢？

在每週和準教授開研究會議，討論實驗結果等工作場合，我的口說表現得比自己想像的還要好。至少從來沒有發生「完全無法溝通」的情況。

「持續一年每天花三小時學英語」帶給了我相當大的自信。

其實，在決定去留學的許多年前，我就抱持「有朝一日想去留學」的念頭，因此一直都在慢慢學英語，但若不是真的決定要去留學，人就是無法全心努力。

不要一開始就放棄自己做不到的事。

用未來的觀點，試著相信半年後、一年後的自己。

從半年後、一年後倒推，明確找出現在該做的事。

即使現在做不到，只要最後一切順利就好，最後趕得上進度就沒問題。你要怎麼做？別忘了你可以百分之百控制自己的行動。即使現在的你能力不足，仍然可以努力學習，或是請別人教你，設法讓自己更有能力。

用未來的觀點倒推出今天該做的事，把它做完。養成這個習慣之後，每天你都能感覺到自己的成長。

第六章　能用語言表達，煩惱就會消失

（言語化①）

1 言語化的驚人好處

「說不出來」就是最大的壓力

把內心煩躁不已的情緒化為語言，心情就會變輕鬆。相反地，「無法告訴任何人」、「無法跟任何人商量」等等「說不出口」的狀況，會帶來很大的心理壓力。

伊索寓言的「驢耳朵國王」就是一個很好懂的案例。

某地有個國王，一直都緊緊地戴著帽子。因為國王的耳朵是驢耳朵，這個祕密只有國王的理髮師知道。

國王不准理髮師把這個祕密說出去，理髮師只好把它放在內心深處，沒有告訴任何人。但是，一直保守祕密實在太痛苦了，理髮師好想、好想把它告訴別人。

有一天，理髮師實在無法再忍耐，於是對著水井大喊：「國王的耳朵是驢耳朵！」他的聲音透過水井傳遍了整個城鎮。

不能說。不要說。有些事情藏在心裡會變成很大的壓力。相反地，能夠「把心裡想的事告訴別人」，即使只是對著水井大喊也好，只要能對別人說出來，就會感到神清氣爽。

把情緒化為語言，壓力就會減輕。

言語化能讓煩惱「現形」

心理諮商的領域經常使用「言語化」這個詞。

據說當我們能夠用自己的語言說明幼年的「心理創傷」時，這個心理創傷就會在一瞬間化解。

心理的壓抑過強時，我們會無法將「痛苦的經驗」化為語言。相反地，「能夠化為語言」就代表已經從枷鎖中解脫。

「言語化」是心理諮商的目標之一。只要化為語言，「潛意識」就會轉變為「意識」。

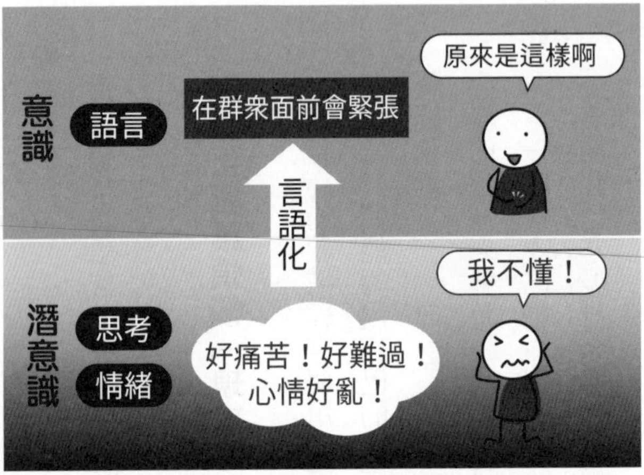

言語化會讓「潛意識」轉變為「意識」

據說我們的思考有九十五%都是在潛意識下進行。在無法意識的情況下，我們沒有辦法改善或化解潛意識下的負面「思考」與「情緒」。

「言語化」就像是打撈沉在海底深處的船隻。把船隻拉到海面，放到能夠意識的地方，才能夠進行詳細調查。

「言語化」之後，我們就能客觀、具體地掌握那些「曖昧而無法捉摸的事物」，也能處理它。

若有一位患者「不知道自己為什麼感到痛苦」，只要能將這種痛苦言語化，說出「站在群眾面前讓我感到痛苦」，就算是飛躍性的進步。

這代表這位患者已經察覺「只要不站

在群眾面前就不會痛苦」，或者是「可以慢慢習慣在群眾面前的緊張感」。

言語化可以幫助我們自我分析「無法捉摸的煩惱」，有許多人做到這一點之後，便能夠自己找出解決方法。

2 寫下來說出口，大腦就會變輕鬆

為何「煩惱」會原地打轉？

正在煩惱的人腦中會一片混亂，還會一直鬼打牆。

「啊，怎麼辦？」、「怎麼會這樣？」、「該怎麼做才對？」

同一個煩惱會一直浮現在腦中又消失，不分晝夜，不斷重複。

為什麼會這樣呢？

這是因為大腦的作業空間非常狹窄。

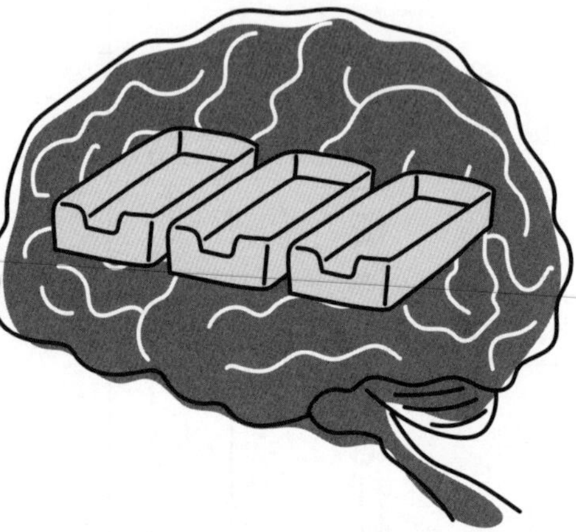

大腦的作業空間很狹窄，只有三個位置

據說，**大腦最多只能同時處理三項資訊**。想像成大腦裡有三個托盤，或許會比較容易理解。

一個托盤處理完，大腦就會空出一個位置，才能處理下一個「新資訊（想法）」。這個大腦作業空間被稱為「工作記憶」。

舉例來說，你想知道一位朋友的聯絡方式，對方告訴你，他的電話號碼是0910-XXX-XXX。你應該能夠把它記下來，輸入到自己的手機裡。

如果需要記住的是十六碼的信用卡號碼呢？例如：5378-6911-7329-XXXX。大部分的人應該會請對方再說一次。

各位可以明白這兩者之間的差異嗎？

我們的大腦是以「語塊」的方式記憶數字。若將中間的符號當成語塊的分界點，那麼電話號碼是三個語塊，信用卡號碼則是四個語塊。

只是多了一個語塊，我們便無法記住信用卡號碼。這是因為我們的大腦裡面只有三個托盤。

也就是說，大腦的容量不足以記住信用卡號碼。

大腦疲勞會讓托盤變少

附帶一提，我們常說的「聰明人」，正確來說應該是「工作記憶良好的人」和「思考速度很快的人」。據說這種人的大腦可以記憶四個語塊。不過，正在煩惱的人，大腦與聰明人相反。

不安、緊張與大腦疲勞，都會讓工作記憶容量變少。

每天都「痛苦難過」地煩惱，會使大腦陷入疲勞，大腦的托盤也會減少到兩個，甚至一個。在這種情況下，無論思考什麼都不會有進展。腦中像是籠罩著一片迷霧，不斷原地打轉。

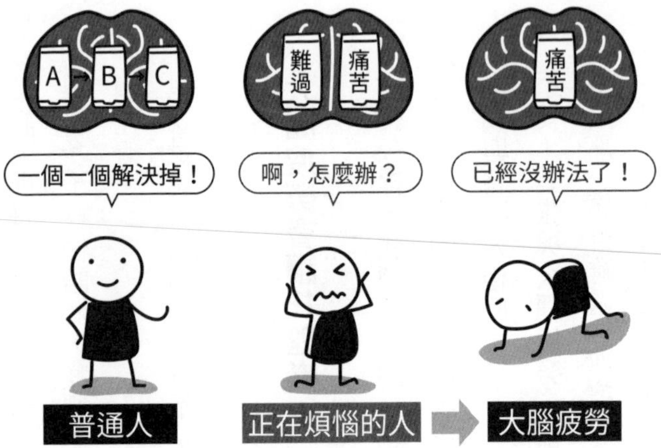

「為什麼我會這麼痛苦？」↓「因為工作很忙。」↓「為什麼工作這麼忙？」↓「因為有三個案子的交期撞在一起。」↓「那該怎麼辦？」↓「嗯……」

如果你試圖只用大腦解決煩惱，光是想到這裡，工作記憶區就會被塞滿，無法繼續思考。

接著，因為不知如何是好，你的思考會回到原點，也就是最初的問題「為什麼我會覺得難過痛苦」。這就是原地打轉。

這種在原地打轉，無法前進的狀態就是「煩惱」。這是「煩惱的三個特徵」中的「停滯、停止」。

造成「停滯、停止」的其中一個原因，是大腦的作業空間非常狹窄。如果只用大腦

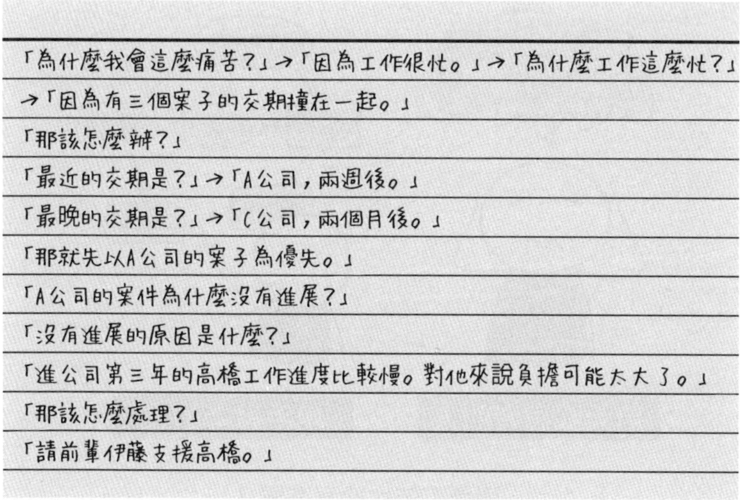
「為什麼我會這麼痛苦？」→「因為工作很忙。」→「為什麼工作這麼忙？」
→「因為有三個案子的交期撞在一起。」
「那該怎麼辦？」
「最近的交期是？」→「A公司，兩週後。」
「最晚的交期是？」→「C公司，兩個月後。」
「那就先以A公司的案子為優先。」
「A公司的案件為什麼沒有進展？」
「沒有進展的原因是什麼？」
「進公司第三年的高橋工作進度比較慢。對他來說負擔可能太大了。」
「那該怎麼處理？」
「請前輩伊藤支援高橋。」

將煩惱寫在筆記本上

思考，每個人都會原地打轉，想不出「應對方法」與「創意」。

反過來說，只要脫離「原地打轉」的狀態，就像煩惱已經化解了九成一樣。

不要用大腦煩惱！要用手來煩惱！

那麼，該怎麼做才能脫離原地打轉的循環呢？解決方法就是「言語化」。

面對自己的煩惱時，試著把它寫在筆記本上，一邊思考，就能有所突破。

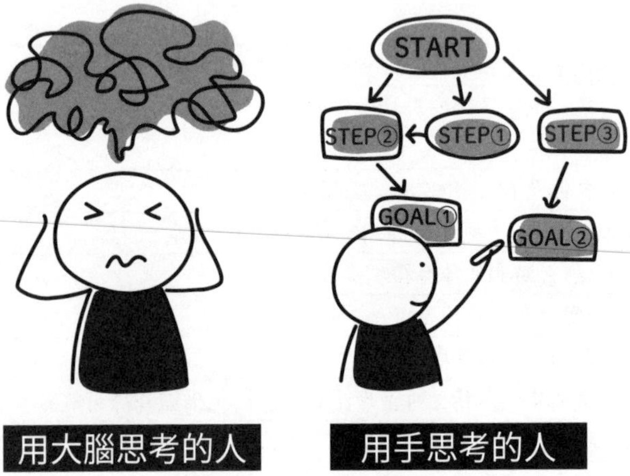

哪種方法比較有進展？

將「腦中所想的事」寫在筆記本上再持續思考，就能冷靜分析狀況，也能找到應對方法。

大腦只有「三個托盤」。因此，如果有三個案子要處理，任何人都會慌張失措。若要用三段論法思考，在第三段中途工作記憶區就會被塞滿，因此光用大腦要想出結論，真的非常困難。

無法靠自己的能力突破「煩惱」、「高牆」、「瓶頸」，不是因為你的能力太低，而是「大腦結構」所導致的。

進行「書寫」或「談話」這類「言語化」流程，可以減輕大腦的負擔。大腦負擔減輕後，就能將充足的資源分配給個別問題，好好冷靜下來思考。

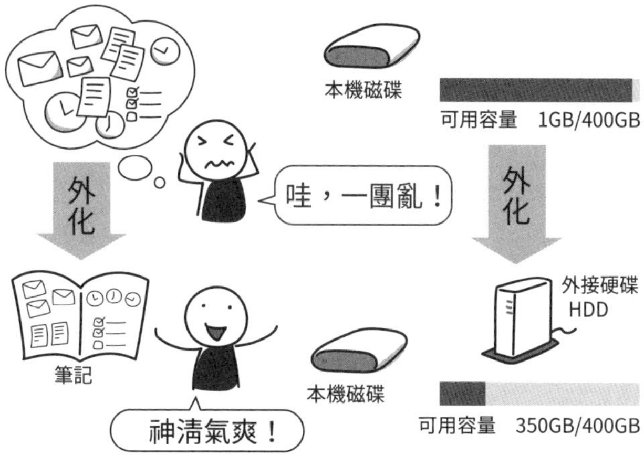

外化讓你神清氣爽

「外化」讓你神清氣爽

後設認知科學有一個專有名詞「外化」，指的是將腦中的想法以文章或圖形等方式輸出。

「外化」有許多好處，可以讓我們客觀檢視、與別人共享並保存（不會遺忘）自己的想法。

不論是多麼高性能的電腦，硬碟容量愈來愈少時，處理速度都會異常緩慢，變得很難使用。

這時，若將硬碟內儲存的資料移動到「外接硬碟」或「雲端」，電腦的可用容量就會增加，處理速度也會恢復。

當大腦像這樣把資料移出時，就叫做

「外化」。

我認為很多人都在折磨自己的大腦，把大腦容量用到極限。

寫出待辦事項清單、工作清單，把行程寫在行程表上，把腦中浮現的靈感記下來，這些都是外化。

外化愈多，大腦就愈輕快，心情也會神清氣爽！

言語化的優點

1 讓煩惱可視化：能看見煩惱、能處理、能客觀看待自己。
2 整理情緒：能分析、自行解決、擺脫「不知如何是好」的困境。
3 外化：卸載、大腦變輕、釋放工作記憶區。
4 消氣：心情變輕鬆、消除壓力。
5 分享與交流：溝通、共鳴帶來療癒。
6 採取行動：促使人採取行動、改變言語就能改變行動。

言語化與輸出

若各位讀到這裡，發現了「言語化與輸出很像」，代表你真的很敏銳。

那麼，這兩者有什麼不同呢？

在我之前出版的書籍《最高學以致用法》中，將輸出定義為「口說」、「書寫」與「行動」。

言語化指的是將自己心裡所想的事，藉由「口說」與「書寫」的方式以語言表達。也就是說，「言語化」是輸出的一種方法。

本書將輸出分成「言語化」與「行動化」。我會先在第六章與第七章介紹「言語化」，接著在第八章介紹「行動化」（採取行動）。「言語化」能夠促進行動。藉由區分「言語化」與「行動化」，能夠明確看出由「言語化」進展到「行動化」的重要性，閱讀時也請多留意。

輸出是一種包羅萬象的概念，雖然很好用，卻也有些曖昧不清的部分。本書將輸出拆解成「言語化」與「行動化」，以更容易促進行動的方式加以解說。

「言語化」這個詞有個「化」字，強調了「化為語言」、「用語言來表現」的部分，也就是說，「化為語言的過程」很重要。

不過，言語化不是茫然地「說」或「寫」，而是要將自己腦中的「煩惱」、「痛苦」、「焦躁」用語言傾訴出來。**將「想法」轉換為語言就是言語化，可以幫助我們化解煩惱，自我療癒**。

希望各位也能注意「用語言表達想法」（言語化）這件事。

「用語言表達想法」可以化解九成的煩惱，還可以自我療癒。

3 共鳴能讓心靈輕盈

分享、共鳴會令人安心

舉一個第一次來精神科就診的患者當例子。

這位患者一直說：「我好痛苦，請想想辦法。」

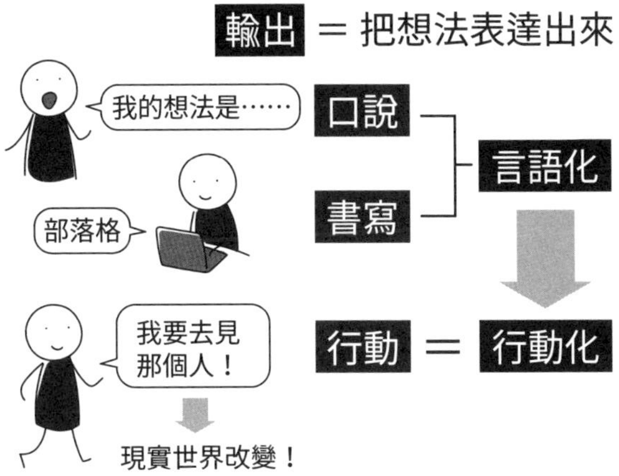

輸出與言語化的差異

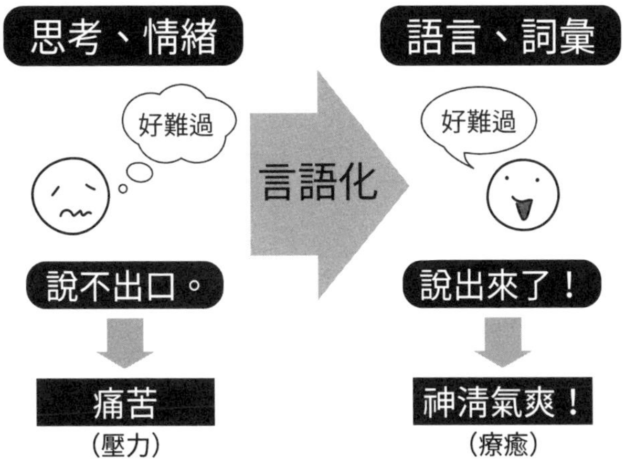

言語化是什麼？

我問他：「你哪裡不舒服呢？」

他回答：「總之就是很痛苦！」

我繼續問他：「具體來說是哪裡不舒服呢？」

他回答：「總之就是很痛苦！我怎麼知道自己到底哪裡不舒服！」

真的很痛苦的人，只會感覺到「痛苦」與「難過」，無法說明自己「哪裡不舒服」、「哪裡難過」、「為什麼難過」。

當患者完全無法說明自己的症狀（無法言語化）時，主治醫師很難做出正確的診斷並開立最有效果的藥物。

因此，精神科醫師會問很多問題。通常是可以用「是」或「不是」回答的簡單問題，例如「最近失眠嗎？有食欲嗎？會不會覺得煩躁？工作很忙嗎？職場人際關係如何？」等等，藉此具體釐清患者的「痛苦」與「難過」究竟是什麼狀態。

透過「是」與「不是」，一點一點言語化之後，醫師就能獲得更多資訊，看清患者的全貌。

別人無法讀取我們腦中的「想法」。

透過言語化（輸出）與外化，我們才能將這份資訊與他人分享。當患者能夠將

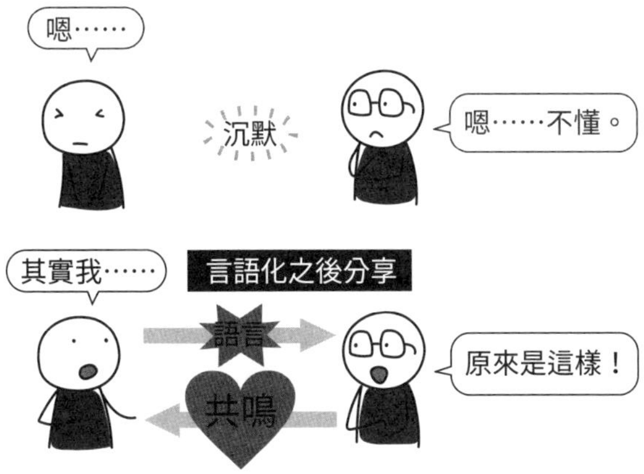

言語化之後的共鳴

自己腦中「茫然的痛苦」與醫師「分享」時，就能產生「狀況真的好糟糕」的共鳴。有了共鳴，患者就會感覺安心。

無法言語化，就是「無法說明」。

「無法說明」會讓人感到焦躁不安與壓力。當我們心裡感受到「茫然的痛苦」，不但自己無法應對，也無法與人商量，而醫師不明白詳細狀況，也無法處理。

相反地，「能夠言語化」、「能夠說明」就代表「有很多線索」。線索愈多，就能愈快找出真凶。如果是精神疾病，有線索就能幫助醫師及早做出正確診斷，開立最適合患者的處方，告知患

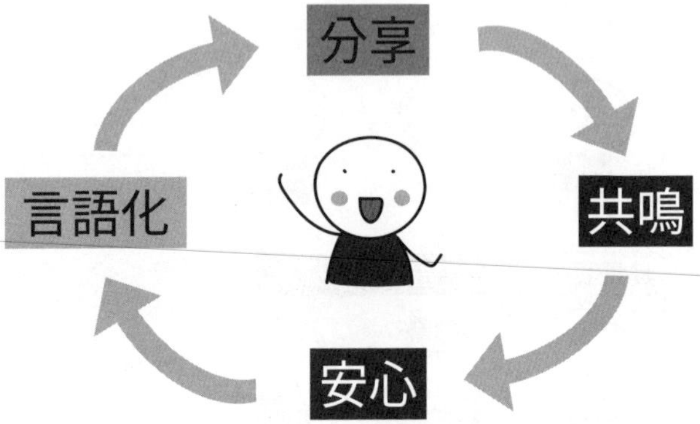

言語化帶來的正向循環

欠缺言語化……

者正確的應對方法。

更多的言語化能讓我們得到許多化解煩惱的提示，也能盡快改善狀況。

言語化之後毒素就會消失？

「我跟公婆同住，精神上真的很痛苦。婆婆實在太愛發號施令了，希望她能改。」

M是一位三十四歲的主婦，與婆婆同住，精神似乎十分緊繃，來就診時是輕度憂鬱狀態。M的婆婆每天都會像叮嚀小學生一樣叫她「做這個」、「不要做那個」，讓M感到十分痛苦。M花了將近一小時抱怨婆婆，最後說出自己的心情，「我再也受不了婆婆隨心所欲地操縱我，老公也不聽我說話」。我對她說「妳真是辛苦了」，表達我對她的情緒有共鳴。

M在走進診間時，表情十分陰沉，令人認為她處於「憂鬱狀態」，但在診療結束時，M就像清除了毒素一樣，一臉神清氣爽，笑著說「謝謝您」之後走出了診間。

短短一小時的診療，就能讓「憂鬱狀態的陰沉表情」轉變成「笑容」。婆婆的個性、態度與行為都沒有任何改變，但M的「不安」已經轉變成「安心」，煩惱也煙消雲散。

為什麼會這樣呢？M說她的煩惱是「婆婆太愛發號施令，希望她能改」，但這並不是M「真正的煩惱」。

「跟婆婆同住，精神壓力很大，但沒有人可以商量，也沒有人懂我，只好一直忍耐，真的很痛苦。」這才是M真正的煩惱。

若是「想改變婆婆的個性」，就必須改變別人。婆婆已經活了六十年，別人無法控制她，若把改變婆婆當成目標，這個煩惱的可控率是零，不僅無法化解，還會感到更加痛苦。

不過，若M的煩惱是「沒有人可以商量，很痛苦」，那麼只要跟別人商量，這個煩惱就會立刻化解，這個煩惱的可控率是百分之百。

無法說出口，也沒辦法跟別人商量，一直獨自忍耐。明明很痛苦，卻沒有人了解……。**這種缺乏人際連結的「孤獨」環境，會讓「痛苦」與「難過」放大好幾倍。**

當我們把這種煩惱言語化，用語言告訴別人之後，就像把體內脹得滿滿的空氣排出一樣，整個人都會變輕鬆。「讓心靈變輕盈」是言語化最大的效果。

在許多案例中，本人會覺得自己的煩惱「無計可施」也「無法解決」，但事實上，當事人的痛苦有一大部分是來自「無法說出口」和「無法跟任何人商量」。

說出口就能療癒．腦科學的原因

為什麼「有共鳴」會讓人感到「安心」，進而讓「心情變輕鬆」呢？內心的煩惱會因此慢慢化解嗎？

當我們和親近的朋友在咖啡廳聊了一小時後，多半會感覺「很開心」，這時我們的身體會分泌出愛與交流的荷爾蒙「催產素」。

催產素又稱為「幸福荷爾蒙」，當我們與別人交流，感到「快樂」、「幸福」、「療癒」時，身體就會分泌出催產素。

母親懷抱嬰兒、戀人彼此擁抱等等的身體接觸，會讓催產素大量分泌。最近的研究發現，對話與眼神接觸（四目相交）也會促使催產素分泌。

感覺到彼此心靈相通的瞬間，也就是產生「共鳴」的時候，人體就會分泌催產素，令人感覺幸福。

幸福荷爾蒙「催產素」的主要效果

1 減壓：催產素會使壓力荷爾蒙「皮質醇」下降。
2 放鬆：催產素使副交感神經活躍，使血壓與脈搏下降。
3 減少不安：即使在杏仁核亢奮並發出危險警報時，催產素也能使亢奮減輕，化解不安情緒。
4 抗憂鬱：足夠的催產素可以防止憂鬱。據說重度憂鬱的人體內分泌的催產素較少。
5 保護大腦不受壓力傷害：皮質醇會攻擊海馬迴，催產素可以抑制其分泌，達到保護大腦不受壓力傷害的效果。

除此之外，催產素還有提高免疫力，促進修復細胞，維持身體健康的效果。

它是一種能夠化解壓力，促使身體和心靈放鬆，消除不安的幸福荷爾蒙，具有絕佳的「療癒效果」。

許多研究都證實，催產素的分泌可以減輕壓力、不安等負面情緒。

共鳴會讓人分泌催產素，療癒身心

前面曾提到只要「對話」就能促進催產素分泌，但這其實是有條件的。

如果談話的對象是你很討厭的人，就不會感到「快樂」、「幸福」、「療癒」，反而會覺得緊張疲倦，倍感壓力。

催產素是「愛與交流」的荷爾蒙，當你感覺到「愛與交流」，**在能夠相互信賴、安心的人際關係中，就會分泌出大量催產素**。

但若是和敵人對話，不但不會分泌催產素，還會分泌出大量的「皮質醇」（壓力荷爾蒙）、「腎上腺素」（憤怒）、「正腎上腺素」（不安）等戰鬥荷爾蒙，增強你的負面情緒。

剛才提到M是因為婆婆而感到煩惱。如果M疑神疑鬼，抱著「無法信任這個諂

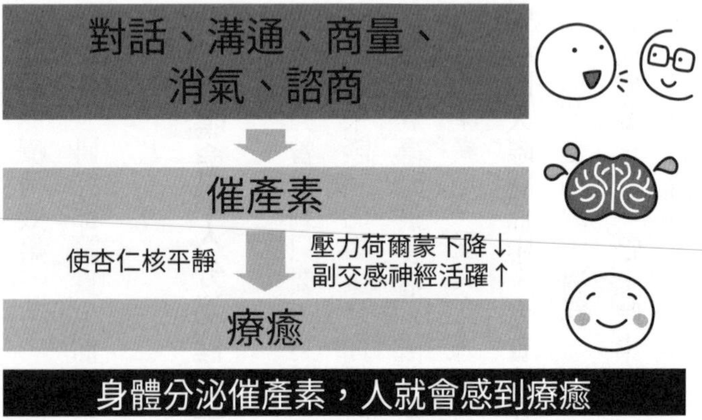

催產素的健康效果

商師」的心情接受諮商，催產素就不會分泌，也無法重拾笑容。

對諮商師的信賴愈深，諮商的效果出現得愈快，也會愈有效。

共鳴能帶來療癒。對方聆聽你的話語，對你的感受有所共鳴。這時，身體就會大量分泌催產素。

原來有人跟我一樣苦惱！

各位有沒有看過敘述傳奇巨星艾爾頓・強一生際遇的電影《火箭人》呢？這部電影的開頭是一群藥物成癮患者的團體心理治療場景，令人印象深刻。

煩惱得到共享與共鳴，「痛苦」就會消

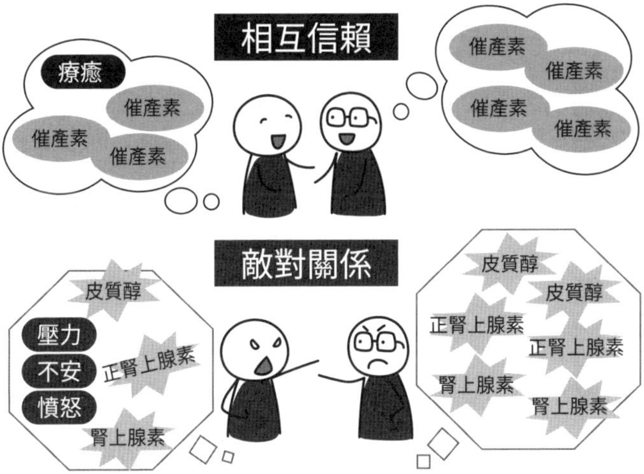

失，酒精或藥物成癮患者的自助團體就是一個簡單易懂的例子。

參加者會圍成一個圓圈，依序分享過去的經驗、最近發生的事與自己的煩惱。如果不想發言也可以跳過。

我也曾建議患者參加戒酒會或自助團體，但絕大多數的患者都認為「參加那種團體沒有用」而拒絕。不過，當我告訴他們「別這麼說，就先當成去參觀」，請他們報名參加後，他們的態度就會有一百八十度的轉變。

「因為酒精，我失去了工作，失去家人，肝臟跟胰臟功能下降，還失去了健康。原來有人跟我有相通的經歷，也一樣痛苦。」

患者從前認為不會有人理解自己的痛苦，當他和團體中的人共享這種痛苦時，心情就變輕鬆了。

所有的成癮患者與精神疾病的患者都有共同的特徵，他們會責怪自己「為什麼只有我得了這麼嚴重的病」、「為什麼只有我運氣這麼差」，情緒也會更加低落。

「還有別人得了跟我一樣的病，我們有一樣的痛苦和一樣的經歷！」

這種「不是只有我這樣」的感覺會讓不安轉變為安心，化解長年來的「痛苦」。

事實上，當患者鼓起勇氣說出自己的經歷，其他參加者也會有感而發說出「我也一樣」、「我也是」，這會再度強化「不是只有我這樣」的感受。

將「煩惱」言語化後，說出來就好。當煩惱得到共享與共鳴時，就會感到療癒。

事實上，自助團體與團體心理治療的「療癒機制」，就是運用了「言語化的療癒原理」。

姊妹淘聚會的療癒效果

很多人覺得「團體心理治療跟我一點關係也沒有」，其實大有關係。因為姊妹淘聚會幾乎就是一種團體心理治療。

「六個月大的女兒半夜一直哭，害我晚上都睡不著，這樣下去我要昏倒了。」

「我家的九個月了，我老公都不照顧，真是累死我了。」

「我家的以前也很愛半夜哭，但一歲以後就幾乎不會了，妳再撐一下吧。」

在姊妹淘聚會說出自己的煩惱，會得到許多「我也是」、「我也一樣」的共鳴，對吧？如此一來，你就會覺得「大家都是一樣的」、「其他的家庭也一樣」，因此鬆了一口氣。這就是共享煩惱帶來的共鳴。

姊妹淘聚會可以發洩壓力，是因為「煩惱」透過言語化說出來之後，與他人共享並產生了共鳴，這也是「療癒機制」的作用。

第七章　言語化的勇氣

（言語化②）

1 找人商量就會變輕鬆

七成的人無法找人商量

「我沒辦法找人商量。」

我們常說「煩惱要告訴別人，找人商量」，但很多人都會說自己「做不到」。

我在Ｘ上做過一項調查。

「感到困擾時，你會找人商量嗎？」

調查發現「（馬上）會找人商量」的人有二十八・八％，「（幾乎）不會找人商量」和「兩者皆非」的人合計約有七成。

有三成的人馬上就會找人商量、解決煩惱，不斷邁步向前。

另外七成的人即使有煩惱也無法找人商量，心裡的煩惱愈來愈大，因為壓力而感到痛苦。

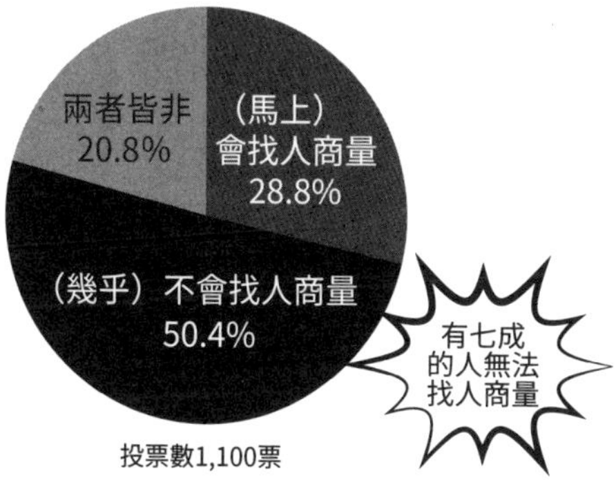

感到困擾時，你會找人商量嗎？

你是哪一種人呢？

「找人商量」其實就是「借用別人的觀點」，這與你是否有能力沒有關係。事實上，能力低而無法自行解決煩惱的人，更需要借助別人的力量，不是嗎？

專家才知道的解決方法

「我沒辦法開口和主治醫師商量。我得了憂鬱症，正在治療中，服用抗憂鬱藥物三天後出現強烈的噁心反胃症狀，這是藥物的副作用嗎？」

我每天都會收到這個類型的提問。我的回答非常簡單。

「請跟主治醫師商量。」

「請詢問主治醫師。」

乍看之下，這個答覆或許很冷淡，但在這種情況下詢問主治醫師的意見才是最好的方法。與主治醫師商量，醫師能在一瞬間就正確回答這是不是藥物的副作用。有時可能無法分辨是副作用還是疾病的症狀，不過，比起你身為外行人的猜測，看過幾百個、幾千個患者的主治醫師較可能做出正確的判斷。

針對A藥物，我可以用普通理論回答「它出現噁心反胃副作用的機率是高還是低」，但以「你的狀況」和「你的症狀」來說，不經過診察無法得知實際情況。主治醫師是實際診察你的人，因此他的意見非常重要。

只要開口跟主治醫師商量，這個問題瞬間就能解決。但你卻選擇忍耐，在不安中度過了好幾天、好幾週，這樣一點好處也沒有。

當我在 YouTube 直播中說了這樣的話，聊天室就會出現許多留言表示「主治醫師好像很忙，我無法開口問問題」、「主治醫師很可怕，我不敢問」。

患者去醫院就診的目的是「治療疾病」，而給予患者支援是主治醫師的工作。

當你感到「疾病帶來的不安」、「藥物帶來的不安」、「對今後的不安」，**心中充**

滿不安情緒時，如果不能開口告訴主治醫師，那麼你的病就不可能好起來。

這些狀況都是治療疾病時必要的資訊，也是非常重要的線索。或許主治醫師應該營造「更容易開口說話的氣氛」，不過，無論醫師會不會因此生氣或討厭你，只要你懷疑可能是副作用，最好還是開口和醫師商量。不這麼做，你的病就沒辦法好起來。我想，有許多人就是因為「不和主治醫師商量」，才會讓疾病難以治癒。

我把這種情況稱為**「無法商量症候群」**，這和患者是否膽小，或醫師是否不親切還很可怕無關，是一種「日常中會一直發生的現象」。

你和醫師都沒有問題。它是無論在哪裡，無論是誰，都很常發生的現象。

職場常發生的「無法商量症候群」

「無法開口跟主管商量。」

「無法商量症候群」發生的地點不限於「醫院」，在職場也常常發生。

「我因為工作上的事很煩惱，該怎麼辦？」

「工作上出了狀況，似乎快要演變成問題，我該怎麼辦？」

「因為下屬出問題而煩惱，該怎麼辦才好？」

我認為你應該跟主管商量。主管就是為此而存在的。

你的主管知道你現在的煩惱嗎？即使無法解決，你告訴主管現在有這個問題，也不會有什麼壞處。

分享資訊是很重要的。如果因為沒有分享資訊，而讓事情演變成大問題，你也會因為「為什麼不及早報告」而受到責備。

以前我曾在 YouTube 直播上聊過這個話題，聊天室有聽眾回覆「主管很忙，實在沒有可以開口談的氣氛」、「以前跟主管說過，他只說『這種事你自己想』，之後我就沒辦法再找他談了」。

不過，實際上開口談談看，出乎意料地有很多事一下子就能解決。

也許主管會告訴你：

「手冊上有寫，照著手冊做就好。」

「寫程式的 B 知道，去問他吧。」

「我知道了，你不要在意，繼續做吧。」

「那個客戶很常因為一點小事就抱怨，不用太把他的話當真。」
下屬找上司商量，瞬間就能解決。
患者找醫師商量，瞬間就能解決。
即使是讓你煩惱了許多天的嚴重問題，只要開口向經驗比你豐富的主管、上司或專家請益，一瞬間就能解決，或是找到解決方法。
以「無法商量」、「很難商量」為理由放著問題不管，只是浪費時間。
你正在為自己招來「惹主管生氣」、「被主管責罵」、「考績變差」這些負面的結果。

「自我揭露」的勇氣

人為什麼無法找別人商量？「無法商量症候群」的原因是什麼？
我們之所以對找人商量產生高度心理障礙，是因為「找人商量就是自我揭露」。
「自我揭露」是心理學用語，指的是「展露真實的自己」。也就是不僅表現自己的優點，也要把煩惱、缺點、過去的痛苦經驗一起揭露出來，用語言告訴對方。

我剛進公司的
時候，犯了這
個大錯。
這種事他都願意
告訴我，眞是個
親切的人。
自我揭露
親近感
自我揭露愈多，愈能提升親近感

自我揭露的法則

我們會害怕「展露真實的自己」，其實是人類的自然心理。

「要是別人否定我，該怎麼辦。」

「要是別人批判我，該怎麼辦。」

「如果別人不接受，該怎麼辦。」

平常的我們，在某種意義上都是「戴著面具」，因此，即使受到一些批判也能忍耐。然而，當「真實的自己」遭到否定，人就會受到很大的打擊。

「自我揭露」是向對方表明**從來沒有告訴過別人的「重大祕密」**。這些祕密都是我們盡可能不想說出口的事。要做出這種可怕的行為，非常需要「勇氣」。

不過，當我們鼓起勇氣，將幾乎沒

有告訴過別人的祕密說出口，就會感到神清氣爽，好像放下了心裡的一塊大石頭，心情有如萬里無雲的大晴天。

諮商結束後，個案（來談者）都會露出彷彿排出了毒素的爽朗表情，這就是「自我揭露的療癒效果」。

「無法找人商量」會造成很大的壓力。相反地，「找人商量」能讓別人理解我們的煩惱，並產生共鳴，有極大的「療癒效果」。

希望各位能先擁有「自我揭露的勇氣」。

自我揭露的互惠效應

自我揭露並不是對誰做都可以，對不夠親近的人這麼做，對方不會有共鳴。對關係不深的對象自我揭露，對方很可能會覺得「（我們又不是很熟）為什麼我非得要聽你說這麼沉重的事情」，而出現與共鳴恰巧相反的反應。或許這就是你內心害怕會發生的狀況。

心理學上有一種「自我揭露的互惠效應」。指的是當對方自我揭露時，你也會

自我揭露的互惠效應

想要做出程度相當的自我揭露。

當對方自我揭露時，你也會想要自我揭露。自我揭露的抛接球會讓你們彼此的關係愈來愈深入，也會逐漸能夠進行更深層的自我揭露。

自我揭露會讓對方稍微敞開心扉。當對方也做出自我揭露之後，你的心扉也會漸漸敞開。

隨著人際關係愈來愈深入，彼此就會形成「療癒」的關係。

不過，需要注意的是，自我揭露必須配合對方「心扉」敞開的程度，否則不會有效。第一次見面的人突然對你自我揭露，告訴你「其實我小時候被虐待過」，只會讓你覺得「這個人不太妙」，對吧？

因此，要找人商量煩惱，必須找某種程度以上的親密朋友，或是能夠信任的對象。我們在潛意識中明白這一點，因此才會有自我防衛心態，覺得「這個人跟我沒有很親近，談這種沉重的話題可能會讓他反感」。

也就是說，我們自己提高了「商量」的難度，而這就是我們無法找別人商量的理由。

結果，我們無法對任何人說出煩惱，獨自一個人承受，壓力與負面情緒愈來愈強烈，陷入惡性循環，也就形成了「七成的人無法找人商量」的現狀。

擁有「找人商量的勇氣」

有一本暢銷書《被討厭的勇氣》，將阿德勒心理學介紹得十分清晰易懂。

當你試著與對方溝通時，不會知道對方會高興還是厭惡，因為別人的「思考」、「情緒」、「行動」是由別人決定的，我們無法控制。

我們可以決定要不要「跟別人搭話」，但別人的情緒只能由別人做主。如果你想跟對方拉近距離，就要帶著「被討厭的勇氣」採取行動，主動向對方搭話，主動敞開心扉，主動信賴對方。

這就是《被討厭的勇氣》這本書中最打動我的一點，也是其書名的意義。

我們可以將「被討厭的勇氣」試著換成「找人商量的勇氣」。

你心裡有個煩惱，假設你現在很猶豫「要不要找L商量這個煩惱」。聽到你開口，L會不會覺得困擾？L會不會對你的煩惱有共鳴？他會否定或拒絕嗎？

事實上，L的思考與情緒並不是你能控制的，不試著開口談談看，不會知道L的反應。

你能夠決定的，只有「開口」或「不開口」。

那就試著談談看吧！雖然需要勇氣，但只要你先敞開心扉，主動自我揭露，對方很有可能也會敞開心門。

你所面臨的不是「對方能接受」或「對方不接受」這種二選一的情況。當你先進行自我揭露，對方才會敞開心扉，對你的親密程度會提高，也才會接受你。

不找對方商量，你們的距離就會一直很遙遠。

即使現在的自己做不到，未來的自己仍有可能做到。要相信未來的自己。如此一來，就能擁有「找人商量的勇氣」。

為了化解煩惱，「找人商量的勇氣」是非常重要的關鍵。

即使對方露出嫌惡的表情或拒絕你，那也沒關係。「對方不想跟你商量」就跟「你沒找對方商量」是一樣的。

相信未來的自己和對方。即使對方聽完後忽視你，你的「煩惱」或「問題」也不會因此而變糟。也就是說，從「化解煩惱」的進度看來，你並沒有任何損失。

當你自我揭露時，對方也會感到開心

每個人都會害怕自我揭露會不會招來別人的厭惡。但實際上，我們多半不會因為這種理由被討厭，甚至別人還會因此而開心。這種反應在心理學上是有根據的。自我揭露的深度與你和對方的關係成比例。也就是說，當對方做了深層的自我揭露，代表對方認為你和他交情匪淺。

對於一位找你商量嚴重煩惱的朋友，你應該也會覺得「他對我說了這些，代表他覺得我是很重要的朋友」。

「如果跟主治醫師說『我想死』，醫師拒絕我的求救該怎麼辦。」

這也是我在 YouTube 頻道時常收到的提問。事實上，許多抱著「尋死」念頭的人都會感到迷惘，不知道該不該把這種想法告訴主治醫師。

這麼說或許很容易讓人誤會，但患者對精神科醫師說「我想死」，醫師應該會覺得高興，因為「願意說出這麼嚴重的問題，代表患者信任醫師」。

說出「小時候曾受到父母虐待」也一樣。這種話題只有對相當信賴的對象才能說出口。因此，當患者坦承相告時，我們會判斷「醫病關係與彼此的互信增強了，是很好的發展」。

主管與下屬也是，絕大部分的主管在下屬說出「工作上的煩惱」時，應該會感到開心。

下屬完全沒有找主管商量，突然就遞出辭職信，對主管才是重大的打擊。這種「為什麼不早點找我商量」的情境最傷主管的心。

下屬有嚴重的問題要商量時，主管卻說「我很忙，這種小事不要每件都跑來講」，代表這個人非常差勁，根本沒有資格當主管。這時，我們只要做出中立的判斷，告訴自己「這個人完全不了解別人的心情，是個愚蠢的主管」就好。

沒有必要因此而感到沮喪或受傷。

只要再找其他人商量就好。

一定有人在擔心你

有一次我在看診時對患者說「請把自己的困擾告訴別人」，患者回答「沒有人能聽我說這種事」。

過了幾天，患者的太太陪患者一起前來就診。太太非常設身處地擔心先生的病情，是一個非常體貼的人。明明有這麼善解人意的妻子，患者卻一口咬定「沒有任何人支持我」。

另一位患者在看診時不斷咒罵公司與主管，認為自己罹患精神疾病都是公司與主管的錯。後來，這位患者的主管因為想了解他的病情而聯絡我，我在徵得患者本人的同意之後見了主管。

我本來以為來的會是一個惡毒又壞心的主管，結果我見到的是一位非常有禮貌，親切和善，從我的眼光看來完全是「模範主管」的人。事實上，主管為了了解下屬的病情親自前往醫院，本來就是很少見的狀況。

也就是說，即使是非常能理解狀況的主管，在患者眼中也是「無法商量」和「無法信賴」的惡毒上司。

知名藝人自殺時，總是會有老朋友露出悲痛的表情說「為什麼不找我商量呢」。

在乎你的人，擔心你的人，默默支持著你的人，一定就在你身邊。絕對有這樣的人。

「言語化的勇氣」可以防止致死疾病

然而，被逼到山窮水盡時，人會陷入視野狹窄，不但看不到周遭，還會用負面眼光看待所有的事物。這是所有人都會陷入的心理陷阱。

「這個世上沒有人支持我。」

「沒有人可以讓我傾吐煩惱。」

你的身邊一定有許多擔心著你，隨時願意聽你傾吐煩惱的人，你卻覺得「沒有」，這是一種明顯的「認知偏誤」。

當我們被逼到絕境時，會有「只能專注於眼前」、「看不到周遭事物」的狀況，這是一種生物學特性上的視野狹窄。

現實中，一定有人能「聽你傾吐煩惱」、「給予你建議」。

反過來說，當一個人斬釘截鐵地說出「沒有人能聽我傾吐煩惱」時，代表這個人可能心理上已經快要撐不下去了，或是已經超過大腦疲勞的界限，進入了疾病的範圍。

人在健康狀態下，某種程度上都是敞開「心扉」的，但當我們陷入憂鬱，就會開始出現「想法很負面」、「看待事物的眼光很悲觀」、「不想見到別人」等症狀。

與人的連結減少，陷入「孤獨」之後，這種狀態會愈來愈強烈，進入惡性循環。當我們「孤獨」時，就會緊閉「心扉」。

「不跟人商量」、「無法跟任何人商量」的想法到了極點，就會被「沒有人關心我」的絕望支配，甚至出現強烈的「想死」、「只能去死」的念頭，最後自殺。

根據日本厚生勞動省發表的「都府道縣自殺對策計畫擬定方針」，造成自殺的其中一個原因，是地區生活、日常生活等各種心理因素導致的「憂鬱狀態」帶來的

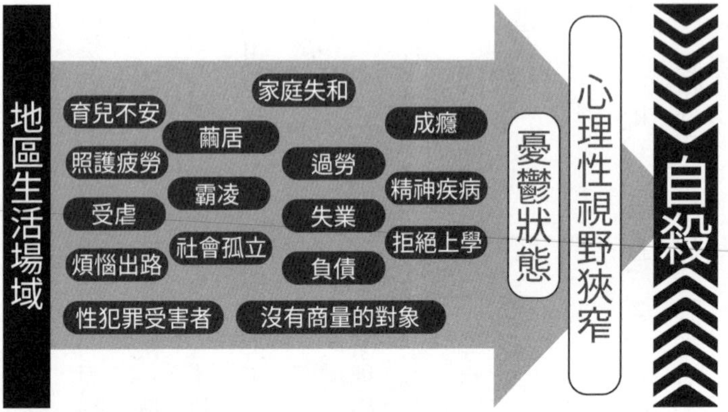

造成自殺的原因
（改自新潟大學醫學部精神醫學教室「新冠肺炎與心理照護」圖）

「心理性視野狹窄狀態」，最後導致自殺。

有統計資料顯示「自殺成功的三人中就有兩人完全沒有跟任何人商量，突然就自殺了」。

「無法商量症候群」若是置之不理將會致命。也就是說，它是「致死疾病」，不能放著不管。

請拿出「商量的勇氣」，開口和身邊的人商量你的煩惱。

不過，有不少人都說自己「沒有任何朋友可以商量」。為了維持心理健康，「至少要有一個可以商量煩惱的朋友」非常重要。

如果還沒有，請試著交一個吧。交朋

友的方法請見二六〇頁。

把自己的煩惱化為語言，開口和別人商量自己的煩惱是件很難的事。不過，當你帶著「商量的勇氣」把煩惱化為語言，就能把煩惱跟別人分享，得到對方的共鳴。

不說出口就不會有任何人知道你因為「這個問題」而煩惱。只要擁有「商量的勇氣」和「言語化的勇氣」，就能踏出化解煩惱的一大步。

2 消消氣就會變輕鬆

「但我還是沒有人可以商量。」

「沒有人願意聽我說話。」

寫到這裡，我想一定會有人這樣想。我並不否定這種想法。

「商量」這個詞本來就帶有「討論嚴重的問題」的意思，因此我們難免會出現

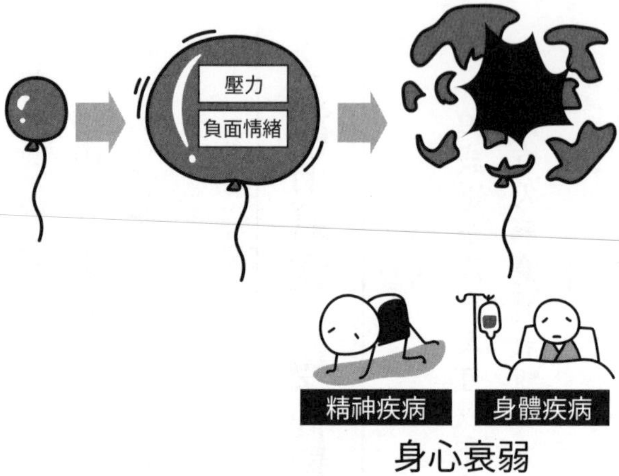

不消氣的話會出現的反應

否定性的條件反射，認為自己「無法（輕鬆地）開口找人談話」。

「找人商量」的難度很高。那我們還能怎麼辦？

也可以不找人商量。試試看輕鬆的「消氣法」吧。

「消氣」是什麼？

當我們對困擾或煩惱置之不理，「壓力」、「難過」、「痛苦」等負面情緒就會慢慢累積。

請想像你的眼前有一顆氣球。壓力與負面情緒的氣球一直不斷膨脹，又沒有消氣，就會變得非常緊繃，快要爆裂。

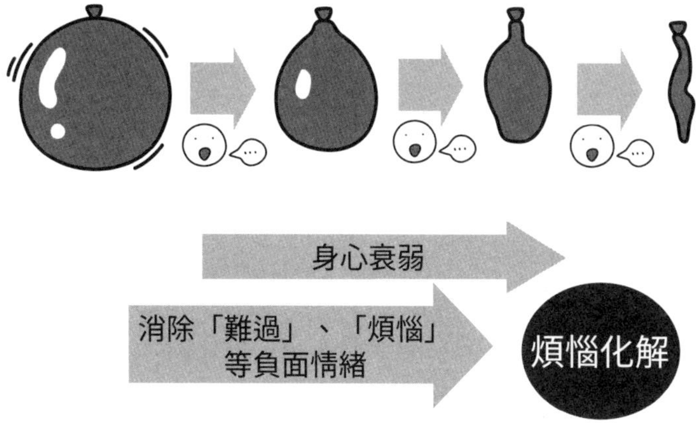

消氣以後

繼續放著不管，氣球就會在某處爆開。

這發生在人身上，就是身體與精神衰弱，有些人會精神疾病發病，有些人則會出現腦中風、心肌梗塞等疾病。

氣球裡面有一些氣體並不是問題，但若爆炸了，就很令人困擾。

因此，當氣球膨脹起來時，要適度放掉裡面的氣體。我把這個動作稱為「消氣」。只要定期「消氣」，氣球就不會爆炸。

那麼，「消氣」是什麼呢？

把你心中所想的、感覺到的事說出來。

我們常說這是「示弱」，不過，只要說出「好痛苦」、「好難過」，壓力與負面情緒就會消失。

【消氣的特徵 1】不用解決也沒關係

即使主管對下屬說「有什麼困擾都可以來找我商量」，下屬也不會來談。真的來談的時候，問題多半已經很嚴重了。

因為我們並沒有「商量」這種文化。美國人在遇到困擾時，很快就會想到「去諮商」。而我們通常會覺得「不要給人添麻煩，自己解決最好」。

「為什麼不早點來跟我商量？」我也常對前來精神科就診的患者這麼說。

每個人都會回我同一句話：「商量了也不會解決。」

絕大部分的人都認為「商量的意思是明確找出解決方法」，因此對找人商量的心理門檻很高，常覺得「無法解決（無法控制）的問題，商量以後還是沒辦法解決。談了也沒有意義，乾脆不要談」。

我後來不再使用「商量」這個詞，改用「消氣」。不是請患者「來商量」，而是「來消消氣」。不以解決問題為目標，只要將心裡困擾、煩惱的事說出來就好。

談話的目的是「消氣」，沒有必要解決問題。

聽的人也只是「聆聽」，不需要給意見或建議。

【消氣的特徵２】只要說出來壓力就減輕九成

或許你會覺得，這樣真的會讓煩惱減輕嗎？

事實上，只要「消氣」就能讓煩惱化解九成，這種說法並不誇張，因為「消氣」的理論就和心理諮商的理論完全相同。

「只要說出來就好」，以諮商師的觀點來說，就是「只要聽就好」。集中注意力聽對方說話，心理學把這稱為「傾聽」。

諮商的基本方針是「不給意見或建議」。在正統派的諮商中，重視讓個案自己「覺察」，因此基本上不會給出「請這麼做」或「最好那樣做」等意見或建議。

讓個案自行覺察「是不是這麼做比較好」是很重要的，而促使他們「覺察」就是諮商的目的。

因此，如果有人說「消氣沒有意義」，這句話就跟「心理諮商沒有意義」是一樣的意思。

不要這樣「消氣」

不過，也並不是什麼都可以說出來。有時本人想要「消氣」，結果卻是累積了更多壓力。有些「消氣方法」不能用，請務必注意。

◎造成反效果的消氣方法1「說人壞話」

我曾去過一間咖啡廳，隔壁桌坐著四位年約三十多歲的女性，其中一位正在詳細解說婆婆不合理的言行舉止。我想她要表達的是「我沒有錯，錯的是我婆婆」。她說了很久，話題一直沒有改變。

那四位女性看起來是感情很好的姊妹淘，但聽著聽著，其他三人的表情愈來愈不耐煩，但說話的那位女性還是繼續在說婆婆的壞話。那股怨氣讓坐在隔壁桌的我都開始感到不舒服，起身離開了這間店。

對那位女性本人來說，「說婆婆的壞話」應該是「姊妹淘的愉快對話」，也是「消氣」和「紓解壓力」的方式。

不過，對外輸出有一個重要的定律。

兩週內重複說三次同一件事，你就會牢牢記住這件事。

也就是說，你會無法忘記這件事。這位女性在一個小時內把同一件事反覆說了好幾次，因此她和婆婆那些「只要想起來就會不舒服的負面互動」已經完全刻印在她的腦海中。

這種被刻印在腦海中的「負面記憶」，在日常生活中也會隨時甦醒。在浴缸裡泡澡休息時會想起「婆婆真的很討厭！」散步時也會想起「婆婆真的很討厭！」躺在床上準備睡覺時還是會想起「婆婆真的很討厭！」

我們應該藉由消氣「放下」負面經驗，而不是「增強」它。

◎造成反效果的消氣方法２「重現負面經驗」

當我們逑說「痛苦的經驗」，說得愈多次，記憶就會被覆蓋並強化，造成與「化解煩惱」、「紓解壓力」、「紓解負面情緒」完全相反的效果。

結果就是「痛苦的經驗」會一天二十四小時追著你不放。

我們無法輕易遺忘反覆輸出十次以上的「強烈記憶」，也無法輕易地改寫它。

也就是說，你為自己創造了「煩惱」，又不斷透過敘說的方式強化它。

在我的精神科診間，也有患者會多次提到同一件「難過的事」。這時，我會提醒他們「這件事你剛剛說過了」或「這件事你上次講得很詳細了」，避免強化負面記憶。

◎造成反效果的消氣方法 3「貶低自己」

相信各位都曾在新聞等媒體上看過，人類每年丟棄的塑膠垃圾對海洋環境與生物都造成極大的傷害。

我認為「我很爛」、「我是笨蛋」、「我做不到」、「我頭腦不好」、「我很醜」這些言論，就跟海洋垃圾一樣。

很多人每天都在自己的「潛意識」大海中丟棄大量垃圾，製造傷害。

每天說十次貶低自己的話，一年就會說三千次以上的「負面話語」。

「自責的話語」和「別人的壞話」就像海洋垃圾一樣。丟棄之後立刻就會消失在視線外，看似不會造成任何影響，但事實上它們都會沉入海底，不斷地累積。

大腦的「海底」就是潛意識。我們看得到、能控制的只有海面上的「意識」。你的「負面垃圾」會堆積在潛意識區，不知不覺間累積到快要滿出來。

這會造成什麼樣的負面影響呢？

潛意識會影響你的「性格」、「行為」與「思考方式」。

你的意識無法控制的思考或行動，例如突然浮現的想法、不小心做出的行為等，都是來自潛意識的指令。

「我很爛」、「我做不到」等言論，會創造你的潛意識。結果會引發「負面思考」，自我肯定感也會跟著降低。

不小心說出負面話語時，杏仁核會開始亢奮，分泌出正腎上腺素。正腎上腺素是最厲害的記憶增強劑。記憶增強效果會讓這些負面言語黏在大腦中。各位可以把它想像成沉在海底的垃圾吸水之後膨脹到十倍大。

前面提過，消氣是「示弱」和「說出真心話」。但絕對不可以說貶低自己的話。愈是貶低自己，就會造成愈多與「紓解壓力」和「療癒」相反的效果。

本書已經提過，我們需要「改變觀點」和「放掉負面情緒」，針對這些建議，一定會有人說「沒辦法，做不到」。為什麼你會這麼容易說出「做不到」呢？

因為你的潛意識充滿了「不可能」和「做不到」。

首先你該做的是別再亂丟垃圾。不要再說「我很爛」、「我做不到」等貶低自

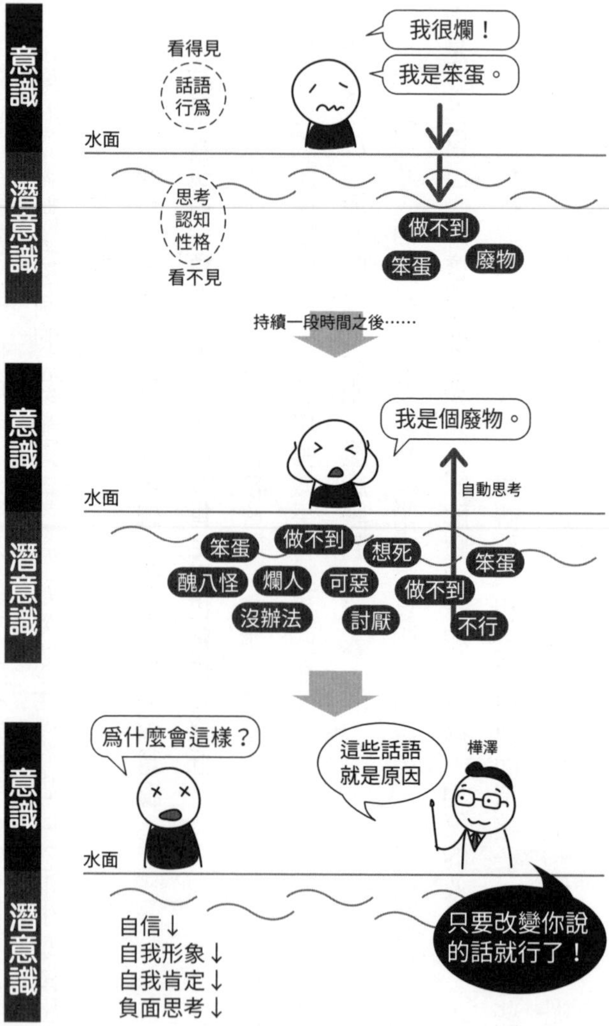
意識
潛意識
看得見
話語
行爲
我很爛！
我是笨蛋。
水面
思考
認知
性格
看不見
做不到
笨蛋
廢物
持續一段時間之後……
意識
潛意識
我是個廢物。
自動思考
水面
笨蛋
做不到
想死
笨蛋
醜八怪
爛人
可惡
做不到
沒辦法
討厭
不行
意識
潛意識
爲什麼會這樣？
這些話語
就是原因
樺澤
水面
自信↓
自我形象↓
自我肯定↓
負面思考↓
只要改變你說
的話就行了！

別再亂倒垃圾了

己的話。只要做到這點就好。

話說回來，堆積在潛意識區的負面垃圾還能清除嗎？

沒問題，它們是可以清掉的。

請多說幾句正面的話，例如「我做得到」、「我當現在的自己就好」、「現在的我很棒」。

累積在潛意識裡的垃圾就會慢慢被淨化。

之前提過「正腎上腺素是最厲害的記憶增強劑」，但各位不需要太擔心。當你說出「我做得到」等正面話語，感到快樂愉悅時，身體就會分泌出多巴胺。多巴胺又稱為「學習物質」，具有與正腎上腺素不相上下的記憶增強效果。多巴胺會增強快樂的記憶，將負面話語覆蓋過去。

能快速切換情緒的人，一直難以忘懷的人

「痛苦的經驗」只要跟好朋友說一次就好。

「最近發生了這種事，真的好討厭喔，哈哈哈哈。」

最後把它當成笑話，說完就結束。只要你再也不提這件事，一個月以後就會忘得一乾二淨。

剛剛提到的女性如果是花十五分鐘說「婆婆惹人生氣的事」，最後再以「最近發生了這種事，真的好討厭喔，哈哈哈哈」作結，就是恰到好處的消氣。

當朋友對她說「辛苦了」，她就會從朋友的共鳴中得到「療癒」，而這就是最好的紓壓。

負面經驗只要說一次就好，然後就忘掉。

這就是消氣的「只說一次規則」。

反覆陳述或長時間講述別人的壞話與自己的痛苦經歷，不但無法達到紓解壓力的效果，還會促使杏仁核更容易亢奮，讓自己變得更容易不安。在負面情緒中鬼打牆，百害而無一利。

能夠好好把「失敗」與「難過情緒」切換掉的人，和一直難以忘懷的人，兩者的差異就在這裡。

消氣時的「說話方法」小訣竅

1 輕鬆地說↓不要太過嚴肅。
2 不用解決也沒關係↓只要說出來就好。
3 趁著煩惱還小趕快把它說出來↓變嚴重以後就很難開口。
4 不要講得太嚴重↓保持笑容、幽默、愉快的氣氛。
5 在做得到的範圍內自我揭露↓自我揭露有療癒效果。
6 擁有一個以上可以輕鬆談話的朋友↓建立互信關係。
7 在精力充沛時消氣↓在演變成大腦疲勞或疾病之前及早找人聊聊。

消氣時的「聆聽方法」小訣竅

1 專心聽↓傾聽對方說話，聽與說的比例是九比一。
2 不要給意見或建議↓提出建議只會招致反感。
3 說出表示共鳴的話↓「真是辛苦你了」、「我也這麼覺得」。

4 注意非語言溝通↓點頭、眼神接觸、同意與共鳴的肢體動作。
5 營造輕鬆談話的氣氛↓能放鬆的空間與關係。閒聊、站著談話皆可。
6 平等的關係↓不要用主管、前輩等居高臨下的立場聽對方說話。

忘記過去的方法：這件事結束了！

「無法忘記已經分手的前男（女）友。」
「想忘掉過去的壞事。」

有很多人的煩惱是「想消除過去的負面記憶」。

我在自己的 YouTube 頻道介紹過十次以上「遺忘過去的方法」，但至今還是定期收到同樣的提問。

有一種遺忘過去的方法，就是前面提到的「只說一次規則」。

請完全遵守「負面的事情只說一次就忘掉」、「討厭的事不要一說再說」。

另一方面，若你把「和男友分手」等負面記憶一說再說，已經無法忘懷，我還有一個建議。

請讓這件事「結束」吧。時代劇《遠山金先生》有一句名台詞：「這樣這件事就結束了！」因此，我想把這個方法命名為「遠山金先生的絕招」。

心理學上有一種**「蔡加尼克效應」**，主張「比起已經結束的事，人更容易記得還沒結束的事」。

換句話說，**「已經結束的事容易忘記，還在繼續的事不會忘」**，這就是「蔡加尼克效應」。

俄羅斯的心理學家布盧瑪．蔡加尼克在咖啡廳觀察替客人點咖啡的服務生，發現服務生在端上咖啡前都記得誰點了什麼咖啡，但端上桌之後立刻就會忘記。之後，這個假設經過心理實驗的驗證，證實了「人會記得尚未完成的目標，但完成的事情就會忘得一乾二淨」，這是一種心理法則。

也就是說，「和男友分手」是過去已經「結束」的事，但當你的心裡還有「眷戀」、「不甘心」、「難以割捨」、「憤怒」等各種情緒糾結，它就是還沒結束的現在進行式。簡單來說，就是你對這件事「念念不忘」。

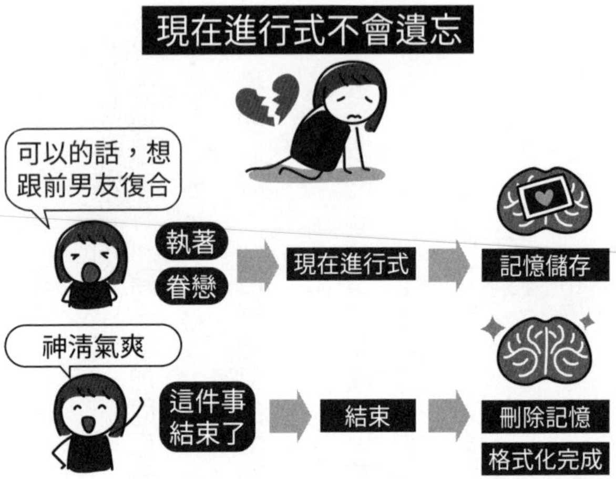

蔡加尼克效應

當你想起「那時（跟前男友感情好的時候）真好」的回憶，就會出現「如果可以的話，想跟他復合」的願望。

你會念念不忘過去，是因為這件事還沒結束。你需要用以下這些粗暴的方法讓自己放下。當這件事結束，大腦的構造就能讓你輕鬆為它畫下句點。

- 完全刪除前男友的聯絡方式與社群好友。
- 為了不看到前男友的發文，在社群網站上把對方加入黑名單。
- 把手機裡面跟前男友的合照全部都刪掉。
- 丟掉前男友送的所有禮物。

如果手機裡還有合照，只要看到照片，你就會想起從前，再次強化記憶。嘴上說「想忘記」，你的潛意識卻不想忘記他，因此才會無法丟掉充滿回憶的「照片」和「禮物」。

如果真的想忘掉分手的情人，請現在就把所有照片和禮物都扔掉。把和前男友有關的照片、物品和回憶一起處理掉，告訴自己：「這件事結束了！」

這樣你就能忘記他，也能進入下一段戀情的準備期。

接受並跨越過去的方法

「母親過世了，我無法從這個打擊中恢復。」
「相伴十年的寵物走了，我沒辦法振作起來。」

父母、親朋好友、相伴十年的寵物過世了，無法從傷痛中振作。雖然彼此有很多「美好回憶」，但只要想起來就覺得難過，還會流淚。

這種狀況下，我們當然無法把照片或充滿回憶的物品全部丟掉。

我的建議是，如果你們擁有「美好回憶」，請寫「感謝信」給對方。

把對「母親」和「寵物狗狗」的「感謝」與「快樂回憶」等正向情緒化為語言，全部寫成信。

「謝謝你為我做了這麼多。」、「謝謝你給我這麼多的快樂回憶。」、「因為有你，我每天都過得很開心。」

最後，把這些信供奉在墓前或佛堂上。

打從心裡感謝「對方為你做的一切」，讓這件事告一段落。在心裡放下它。

腦科學證實，將親切與感謝化為語言，能夠促進「催產素」與「腦內啡」等療癒腦內物質分泌。這些物質會療癒你受傷的心。

將正面情緒、想法與感謝的心情化為語言，能幫助你接受並跨越「至親好友的死」與「心愛寵物的死」。

只要有一個朋友就好

「我沒有任何可以商量事情的朋友。」

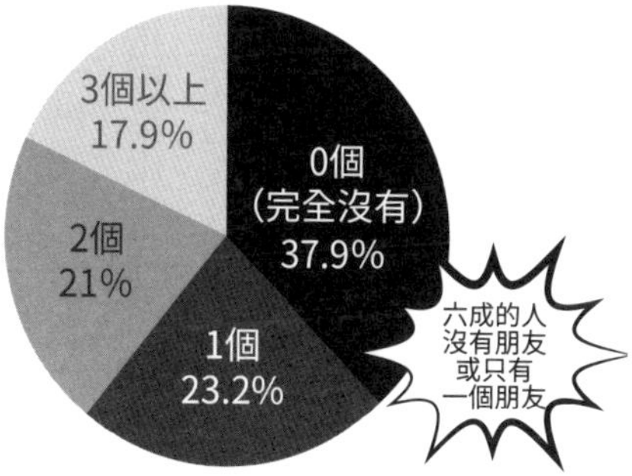

投票數1,221票

你有幾個親近的朋友？
（親近的朋友指的是有煩惱時可以一起商量的朋友）

出乎意料地，很多人都說自己「完全沒有朋友」，但這是真的嗎？

這種沒有朋友的人到底占了多少比例？我感到疑惑，於是在X上做了調查。

結果回答「完全沒有朋友」的人占了三十七・九％。約三個人中就有一個人說自己完全沒有可以商量事情的親近好友。回答有一個朋友的占二十三・二％。

因此，我們可以得知約有六成的人「沒有朋友或只有一個朋友」。

即使你沒有朋友或只有一個朋友，這是很普通的狀況，不需要因此而悲觀或沮喪。

不過，**「發生事情時完全沒有可以商量的朋友」是要盡可能避免的狀況。**如果只是小煩惱，跟朋友聊聊多半就能化解，即使無法化解也有「消氣」的效果，可以紓解壓力與負面情緒。

無法跟朋友聊聊，日常生活中的壓力就會漸漸累積。

交朋友的簡單方法

聽到「交朋友」，或許各位多半會想到由三、四個人組成的「小團體」。尤其是國高中生通常都是這種交友模式。事實上，觀看青春少年少女的動畫就會發現，作品的故事多半都著重在「小團體」。

不過，社會人士多半沒有每天下班後會一起出去玩的對象，因此交友關係只要一對一就夠了。

「每三個人中就有一個人沒有朋友」是令人悲觀的現實嗎？不，並非如此，反而是值得開心的事。

這個世界上每三個人就有一個人沒有朋友。沒有朋友的人，儘管沒有積極交友，心裡應該還是隱隱有「想要朋友」的念頭。也就是說，當你說出「來當朋友吧！」三個人中應該有一個人會舉起雙手歡迎你。

你可能十分悲觀，認為「只有我沒朋友」，不過事實上，每三個人中就有一個人沒有朋友。只要「沒有朋友的人」湊在一起當朋友就好。

M的個性開朗，善於社交，朋友也很多，或許他不會想和穩重低調的你當朋友。

不過，一直都一個人獨處，看起來有點寂寞，似乎沒有朋友的N，或許就會跟你變成朋友。

交朋友並不需要大聲說出「請跟我當朋友」，**從平時的閒聊找到彼此的共通點，經常接觸就會漸漸變親近**。這就是心理學說的「單純曝光效應」（彼此多次接觸，自然而然對對方產生好印象）。

重點在於「共通點」與「共通性」。

出身地、就讀學校、居住區域、喜歡的食物、音樂、歌手、運動、球隊……只要有一個能讓彼此聊得開心的共通點，對話的次數就會增加，兩人的關係也會更加深厚。

最棒的共鳴力訓練

剛剛提過必須擁有一個出狀況時可以商量的朋友，不過，在「對朋友傾吐煩惱」之前，你必須先「傾聽（對方的）煩惱」。

商量是一種「自我揭露」，當你傾聽對方的煩惱時，彼此的親密度一定會提升。我們常說「彼此彼此」，「找人商量與聽人說話」的關係是表裡一體的。如果你能夠傾聽別人的煩惱，對方應該也會在你煩惱時聽你說話。

此外，「聽人說話」可以提高共鳴能力。

心理學家阿德勒曾說：「共鳴就是用對方的眼睛去看，用對方的耳朵去聽，用對方的心去感受」。諮商師聽個案說話時，就是用彷彿附身在個案身上的心態，用對方的眼睛去看，用對方的耳朵去聽，用對方的心去感受。

「聽別人說話」有時可能讓你感覺很麻煩或有壓力。但這是一種最棒的共鳴力訓練。你的共鳴可以療癒對方，也會讓你們彼此愈來愈有共鳴。你也會漸漸覺得「我可以找這個人商量」。

當你覺得「沒有朋友好寂寞」時，這世上每三個人就有一個人跟你一樣。

當你對別人產生共鳴之後，別人也會對你有所共鳴。每個人內心都有「要是被討厭了怎麼辦」的恐懼。擁有「被討厭的勇氣」，主動採取行動，相信很快就能交到一個朋友。

重要的是共鳴。
共鳴就是用對方的眼睛去看，
用對方的耳朵去聽，
用對方的心去感受。

——阿爾弗雷德·阿德勒（心理學家）

3 寫出來就會變輕鬆

「沒有人可以商量」的最終解決法

讀到這裡，如果你還覺得「我就是沒有人可以商量」、「交不到朋友」，接下來我會介紹最後一招。

即使你一個朋友也沒有，還是可以「消氣」。只要準備一本筆記本和一枝筆，把煩惱寫出來就好。

把煩惱寫下來，它就能化解。

這種方法不需要別人陪，一個人就做得到，而且只需要十五至三十分鐘，只要你想，現在就可以馬上開始。

不過，寫出「自己的煩惱」其實很費力，精神上也會非常痛苦。因為你必須面對自己的缺點、短處、不想回憶的痛苦經驗等「自己的缺陷」。

只要寫出來，煩惱就能化解九成

之前說過，我的 YouTube 頻道每天都會收到三十個以上的提問。

不過，其中有很多人無法好好整理自己的問題。我的提問表單上寫著「請在一百二十字內敘述想談的內容」，還是有很多人送出四百字以上的問題，而我即使看完了四百字，還是不了解寫的人最痛苦的地方、想問的問題和想表達的內容。

把自己的煩惱整理得簡潔明瞭是很重要的。而且，**若能把自己的煩惱整理到一目了然，就代表「這個煩惱已經化解了九成」**。

這是因為，當我們藉由言語化讓煩惱能被看見，就能夠自己處理它。

可以在網路上搜尋應對方法，也可以購買相關書籍，或是找朋友商量。

然而，如果在你的心裡，煩惱只是「難過」、「痛苦」、「茫然的苦惱」、「無計可施的兩難」、「悶悶不樂的情緒」，就會不知道該怎麼處理。即使找人商量，也只說得出「我很難過，很痛苦」。

言語化能幫助你區分情緒與事實

我之所以會在 YouTube 頻道限定提問者必須在一百二十字內敘述問題，是為了督促觀眾將自己的煩惱「言語化」。要把煩惱整理成一百二十字，就必須面對自己，整理腦中的思緒。

我常收到聽眾的感謝信件，說他們「在寫出煩惱時，煩惱就減輕了」，這正是我的目的。

言語化能帶來消氣的效果。客觀看待煩惱，就會看清自己所處的狀況，接著便會找到應對方法。

或許透過將煩惱言語化的過程，我們能夠整理思緒，同時也整理了情緒，因而感到神清氣爽。

正在煩惱的人，腦中其實是一片混亂。

他們知道自己很痛苦，但根本不知道自己為了什麼而煩惱。不過，只要把煩惱寫出來，就有一部分的人能夠自行化解煩惱。

我們要利用言語化這把「手術刀」劃分出情緒與事實。負面情緒會纏住我們的手腳，讓我們無法自由行動，但只要透過言語化，就能掙脫情緒的枷鎖。這聽起來有些不可思議，但只要嘗試看看，就能夠體會它的效果。

客觀看待事物，當你覺得「這沒什麼大不了的」，就代表事情已經在往好的方向發展。

一則X的字數限制為一百四十字。把自己心裡所想的事整理成一百二十至一百四十字左右的文字，是一種鍛鍊言語化能力的優質訓練。

把煩惱寫出來的效果

1　整理思緒

・整理至今為止的事情經過與事實關係。
・理清腦中的思緒。
・能夠區分情緒與事實。

2　紓解

・紓解負面情緒。

・神清氣爽。

3 **客觀看待事物**

・能夠處理煩惱。
・能夠搜尋或查詢書籍。
・方便找人商量。
・找到應對方法。
・發覺「這沒什麼大不了」。

藉由言語化書寫治癒疾病

接下來，我想介紹一個藉由「言語化書寫」化解煩惱的實際案例。

N是一位三十後半、藥物成癮的女性。她非常依賴鎮靜劑與安眠藥，只要不服藥就無法安心，睡不著，白天也無法保持鎮定，完全是濫用藥物的狀態。

如果我不開立藥物給N，N就會想辦法去其他醫院拿藥，或是去藥局買安眠藥大量服用，反而更加危險。由於N完全被藥物控制，我也不放心讓她回家，於是便請她住院。

我給她的第一個建議是「寫日記」，自由地寫下今天發生的事與腦中所想的事。我告訴她，日記不用寫太長，每次只要寫一點就好。

一開始，N連一行也寫不出來。即使我告訴她寫什麼都可以，她還是做不到。這是因為她無法面對自己，所以就連一行也沒辦法寫出來。

這時的N完全無法輸出，完全無法言語化。不過，經過每天的諮商，她慢慢能夠自我覺察，能夠寫出來的字數也逐漸變多。

首先是一行，接下來是三行，然後是五行、十行。除了今天發生的事，她也開始能想起並寫出過去的事，也發覺自己明顯服用了過多藥物。

透過「書寫」這種言語化方式，N面對了自己還有自己的過去。當這些變成文章，她就能用更客觀的角度觀察自己的狀況。

每天寫日記可以提高自我覺察的能力。原本一行也寫不出來的N，到出院時每天都能寫一頁以上的日記，讓我也感到驚訝。

原來，N是因為跟家人處得不好，為了逃離這個困境才使用藥物。透過日記，她自己察覺了這件事。

在這之前，N有十年以上都在各個醫院之間流離，始終無法擺脫藥物濫用。透過寫日記這種「言語化書寫」，她終於克服了藥物成癮。

寫作療法的驚人效果

目前已經證實，把自己的痛苦表現出來，尤其是用寫文章的方式來表現，對癌症末期的患者也有效果。

南西・摩根是一位臨床醫師，她在華盛頓的癌症醫療中心對罹患白血病等重度癌症的患者推行「書寫活動」，得到非常大的成果。

書寫活動的方法非常簡單，規則如下。

「在二十分鐘內寫下『癌症改變了我的哪些部分，以及我對這些部分的想法』。」

參加書寫活動的患者有四十九％表示「自己對疾病的想法改變了」，三十八％

的人說「對自己當下狀態的情緒改變」。對於年輕的患者，以及最近才診斷出罹癌的患者，都有特別好的效果。

即使是癌症這種超乎想像的巨大壓力，都能透過「言語化」減輕。從這裡也可以看出，即使無法根除原因（癌症），還是可以改善不安等負面情緒。

接著我想再介紹一個言語化書寫的案例。

一九八〇年代，美國的社會心理學家詹姆斯·潘尼貝克為了治療創傷後壓力症候群（PTSD），提出了**「寫作療法」**，又稱為**「寫作揭露」**，是一種將自己內心的想法言語化的治療方法。

在正向心理學領域有許多針對寫作療法的實驗，發現寫作療法具有「提高自我覺察」、「保健（提升免疫力、減少前往醫院的次數）」、「改善睡眠」、「改善憂鬱」、「提高幸福度」等各種效果。

根據英國牛津大學的研究，十四位因為失眠而煩惱的患者嘗試進行三天的寫作療法後，入睡所需時間由實驗前的四十分鐘減少至十四分鐘。

順天堂大學醫學教授小林弘幸著有許多關於自律神經的書籍，在《不可思議的

3行日記健康法：每天10分鐘，拯救失衡自律神經2週見效！》中，小林教授表示「睡前寫三行日記，自律神經就會規律，進而改善睡眠」。

寫作療法有許多不同的方式，一般的方法如下。

寫作療法的規則

- 書寫的時機沒有限定，隨時都可以。
- 寫出當天讓你感覺到壓力的事，以及當時的情緒。
- 用筆寫在紙上。
- 寫下書寫時的日期與時間。
- 盡量仔細寫出情緒。
- 字寫得不整齊也沒關係（這不是要給別人看的）。
- 可以寫積極正面的事，也可以寫負面的事，寫什麼都可以。
- 書寫時間約為十五至二十分鐘（五分鐘以下也可以）。
- 盡量養成習慣（持續進行效果會更好）。

寫作療法可以寫「讓你感覺到壓力的事」或「負面消極的事」，不過，如果每天都只寫不好的事，可能會強化「負面思考」，這點要多留意。

寫作療法的目的是「把不好的事寫出來放鬆情緒」、「寫出來之後就忘掉」，因此，寫過一次的事情就不要一直重複寫。請遵守「只說一次規則」。

另外，關於實行寫作療法的時間，常寫積極正面事件的人建議在睡前寫，常寫負面事件的人最好在就寢兩個小時以前書寫。

寫了負面事件，可能會讓我們心情低落或是情緒不穩，但通常過了一至兩小時就會恢復平靜。

此外，若在負面事件的言語化結束後立刻就寢，可能會導致「負面事件」受到強化，更加牢固地附著在記憶中，因此建議在就寢兩個小時以前書寫。

若在一次寫作中同時提到「負面事件」、「正面事件」，請在寫完「負面事件」後再寫「正面事件」。寫出正面事件可以緩解負面情緒。

我推薦在睡前寫「三行好事日記」。

如果心中有大量的負面情緒，就必須把這些情緒傾吐出來消氣。不過，一般人不需要勉強想起「負面事件」並將它言語化。

如果不寫，自然而然地就會忘記。勉強自己想起來再寫出來，會增強對負面事件的記憶，其實是弊大於利。

睡前寫「三行好事日記」，想起「今天最快樂的事」再入睡，這一天就會以幸福快樂的心情結束。

把注意力放在正面的記憶上，可以抑制不安情緒，也有改善睡眠品質的效果。

三行好事日記的寫法

1 換上睡衣，完成洗臉、刷牙等睡前準備。
2 睡前想出三件「今天快樂的事」，在筆記本上各寫一行。
3 想寫多一點的人可以多寫幾行，但寫得太長會妨礙睡眠，建議適可而止。
4 寫完後立刻想著這些「快樂的事」躺進被窩，以愉快的心情入睡。不要想負面的事或其他多餘的事。

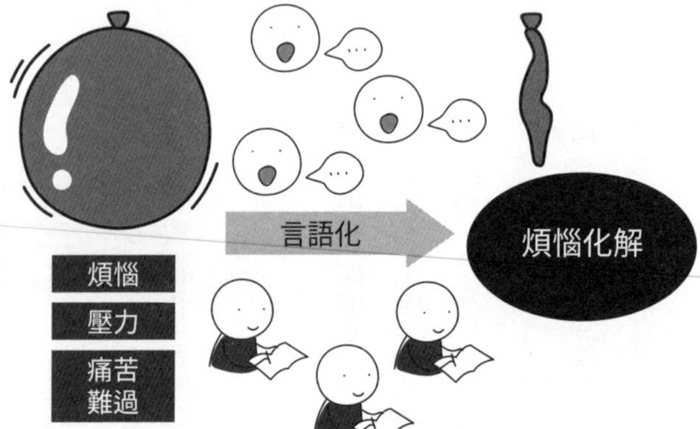

言語化能幫助我們化解煩惱

言語化與「擅長寫文章」、「不擅長說話」等特質毫無關係。重要的是將內心的感受「轉化為語言」，不用在意做得好或不好。剛開始不論「說」或「寫」都無法輕鬆地將想法轉換為語言是很正常的。

一開始，我們還會有「不想把感受轉化成語言」的無意識抗拒，因為面對自己與面對煩惱都不是很愉快的事。

你可以寫普通的日記、「三行好事日記」或做別的事情「消氣」。只要持續言語化，內心的抗拒很快會減輕，言語化的能力也會在短期間內進步。

持續三個月後，就能輕鬆地把內心想法化為語言。這是一種紓壓方法，你的「煩惱」也會減輕許多，最後幾乎完全化解。

第八章　採取行動煩惱就會消失

（行動化）

不行動，煩惱會增加

羅丹的「沉思者」可以說是世界上最有名的銅像。

提到「正在思考的人」或「煩惱的人」，我們都會想像一個坐在椅子上，手撐著臉頰或抱著頭的人。事實上，就是因為這個人坐著沉思，所以煩惱無法化解。

一邊走路一邊思考，立刻就能解決難題。

一邊走路一邊煩惱，煩惱也會逐漸化解。

其實，光是長時間坐著就對健康有很大的危害。據說只要連續坐著一小時，壽命就會縮短二十二分鐘。一直坐著還會讓大腦活動變少。相反地，只要站起來，大腦活性就會上升，運動更能明顯讓大腦活化。

調查顯示，和一天坐六個小時的人相比，坐十二個小時的人心理健康不佳的機率高出三倍。長時間坐著煩惱，對心理健康也會造成不良影響。

像羅丹的「沉思者」一樣，坐在椅子或沙發上苦思，是最糟糕的煩惱方式。

「行動」代表有所動作，可能是活動身體或是運動。光是坐在椅子上，你的煩

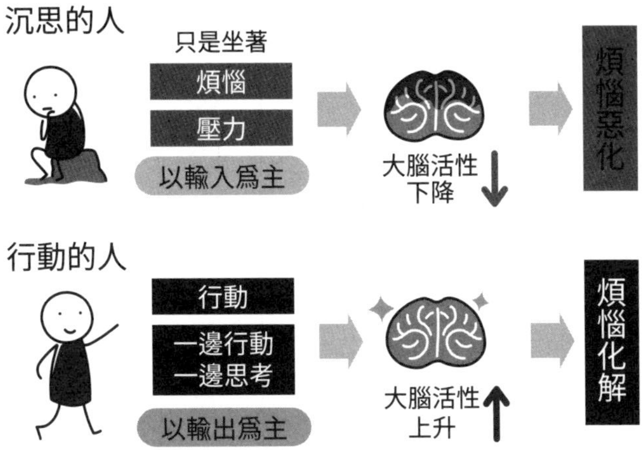

付諸行動，煩惱就會消散

惱不可能化解。必須動起來，參與活動，與人見面、談話、商量……實際「有所行動」，現實才可能改變。

儘管輸入資訊（搜尋、調查、閱讀書籍）也很重要，但就算看了一百本書，沒有輸出或行動，現實依然不會改變。當我們向外輸出，採取行動，現實世界才會開始變化。

前面的章節提到的「改變觀點」與「言語化」可以幫助你釐清自己現在該做什麼。知道應對方法之後，你只需要付諸行動。

不過，還是有很多人說自己「無法找人商量」、「無法付諸行動」。要採取行動真的非常困難。

本書的最後會以腦科學解說「為什麼人無法採取行動」，並介紹能讓我們「行動」的方法。

請先告訴自己「不行動，煩惱不會消失；採取行動，煩惱才會化解」。

1 調整身心：睡眠、運動、晨間散步

無法切換思考的原因是「大腦疲勞」

「同樣的煩惱與想法一直出現在腦海中。」

「即使努力掙脫負面情緒，痛苦的感受還是會湧上來。」

「負面思考盤據在腦中揮之不去。」

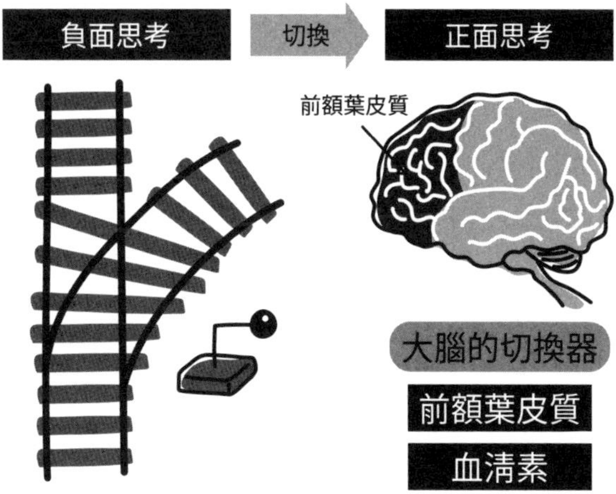

令人痛苦的煩惱或負面想法不斷湧出，即使告訴自己「那是一回事」，試圖切換思考，還是沒有用。幾乎每個陷入嚴重煩惱的人都有這種「無法切換思考」的情形。

以腦科學觀點來說，我們無法切換思考是因為「前額葉皮質疲勞」。以大腦部位來說，負責切換想法的是「前額葉皮質」，以腦內物質來說，則是「血清素」。

也就是說，「無法切換思考與情緒」的人，其實是處於前額葉皮質疲勞、血清素下降的狀態。簡單來說，就是「大腦疲勞」。

大腦疲勞指的是大腦處於「疲憊狀態」。這是位在健康與疾病間的狀態，再往前一步就是疾病。大腦疲勞並不罕見，只要連續一、兩週處於「心裡有煩惱」、「工作忙碌」、「睡眠不足」等狀態，每個人都會大腦疲勞。

「大腦疲勞」是萬惡的根源

即使是身心都健康的人，如果每天都因為「職場人際關係不佳」等原因而煩惱，心情就會低落。當「難過」與「痛苦」的情緒愈來愈強，就會陷入大腦疲勞。

大腦疲勞時，工作記憶區的容量會減少。平常有「三個」的「大腦托盤」會變少到「兩個」甚至「一個」。如此一來，我們就無法再用自己的大腦來思考。在前面的章節已經解說過，這時無論我們想什麼都只會陷入鬼打牆。

接下來還會發生視野狹窄。我們會只看到負面的單一事物，也會更加難受。由於無法看到事物的全貌，也不知道該怎麼應對，連「上網搜尋」、「在書中查詢」、「找人商量」等方法都無法想到。

大腦更加疲憊之後，還會無法控制情緒，容易感覺煩躁，也更容易發怒，思考也會趨於負面。這時，我們就會無法以邏輯來思考。

陷入被情緒所左右的狀態之後，原本就不順利的人際關係會更加惡化，你的處

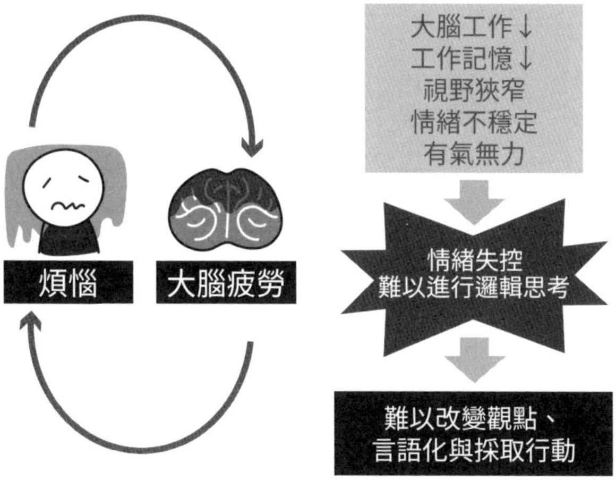

大腦疲勞的負面連鎖反應

境也會愈加不利。人際關係會比之前更糟糕，令人無計可施。

大腦疲勞更加嚴重時，會讓我們失去「幹勁」與「動力」，做什麼都提不起勁，也無法「言語化」與「行動」。

最後，還會導致「憂鬱症」等精神疾病。

「煩惱」會導致「大腦疲勞」。

「大腦疲勞」會使我們無法「改變觀點」、「言語化」與「行動」，「煩惱」也會因此更加嚴重。

煩惱的負面連鎖反應就是在這種情況下發生的。

甚至可以說，「大腦疲勞」才是煩

惱的根本原因。

事實上，各位可能也有這樣的經驗。當你處於低潮時，有些事會讓你非常煩惱，但過了幾個月，當你的狀態恢復，便會驚訝自己之前竟然會為一件小事如此煩惱。

其中的道理也很簡單，就是大腦疲勞，如此而已。

根據美國賓夕法尼亞大學的研究，人只要連續兩週一天只睡六小時，注意力就會降低，工作效率也會低到和整晚沒睡一樣。

平常的睡眠時間不足六小時的人，就跟每天都徹夜不眠在工作一樣。用這種整晚沒睡的狀態思考煩惱，當然想不出好的應對方法。

想要化解煩惱，有一件事非做不可，那就是「調整身心狀態」。

有很多人都會主張自己沒有大腦疲勞。但研究發現，愈是疲勞的人，愈會主張自己並不疲勞。這是因為大腦疲勞是一種難以自覺的狀態。

即使只是工作繁忙，睡眠不足，持續幾天後就會讓大腦陷入疲勞，難以完全發揮原本的功能與能力。

如果「調整身心狀態」就能化解你的問題與煩惱，那實在再簡單不過了。

大腦疲勞會造成警報過多！

想像在深夜，你的手機大聲作響「叮咚！叮咚！緊急地震警報！」不免令人膽顫心驚，以為大地震就要發生，結果只是震度二的輕微搖晃，明顯是誤發警報，也許是地震儀的敏感度太高了。

半夜手機突然大聲作響，會讓人覺得「真是夠了」。如果每天都發生一樣的狀況，你會有什麼感覺？每天晚上都聽到「緊急地震警報」，會讓人心想不知道什麼時候又會被吵醒，無法安心入睡。

疲勞的大腦就像這個地震儀，當「危險偵測器」杏仁核處於過度敏感的狀態，即使只是一點點小危險，杏仁核也會立刻有反應。

當杏仁核開始亢奮發出緊急警報，就會激起「不安」、「擔憂」、「恐懼」。每天內心都湧出「不安」、「擔憂」、「恐懼」等負面情緒，會讓大腦更加疲累。強烈的大腦疲累會使杏仁核的敏感度再次升高，讓我們一整天腦中都盤據著不安，不知如何是好。

我們該如何處理半夜因為震度二的小地震引起的緊急地震警報？是讓地震從

此不再發生嗎？不，我們該做的是調低地震儀的敏感度，讓它回歸正常。

緊急地震警報的設定，是在發生「地震規模預測為五以上的地震」時，對「預測震度為四以上的地區」發送手機訊息。若是地震儀只在符合以上條件的狀況正確動作，警報並不會常常響起。

你的大腦也應該修正發出警報的基準。

之前說過，前額葉皮質的指令可以讓亢奮的杏仁核平靜下來，我想各位都已經理解了這點。如果杏仁核是一隻不易馴服的馬，前額葉皮質就是牠的韁繩（請參照五十五頁的圖）。

一個健康的人，即使因為察覺到危險，杏仁核進入亢奮狀態，前額葉皮質也會做出符合邏輯的判斷，送出語言訊息，讓杏仁核快速鎮靜下來。

舉個例子，你走在山路上，踩到了軟軟的東西。你大叫「是蛇！」後連忙逃開，但仔細一看，其實是一段繩子。「原來是繩子，不是蛇」就是邏輯性的判斷（語言訊息）。知道「是繩子，不是蛇」之後，沒有人還會感到害怕。

然而，大腦疲勞的人，前額葉皮質的活動會降低。也就是說，當杏仁核亢奮，

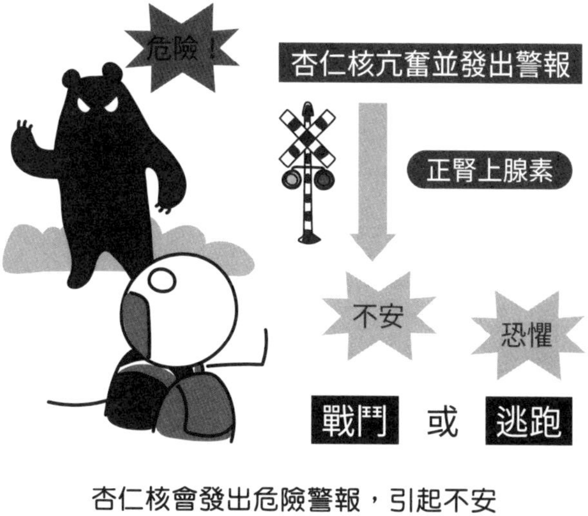

杏仁核會發出危險警報，引起不安

不易馴服的馬到處撒野時，大腦疲勞的人就無法好好使用韁繩控制這匹馬。

就算知道那只是繩子，還是有好一段時間冷汗直流、心跳加快，或許還會出現新的憂慮，擔心「萬一真的有蛇怎麼辦」。

韁繩如果斷了，杏仁核就會不聽使喚。也就是說，我們會無法自行控制不安。即使努力驅趕「不安」與「擔憂」，它們還是會在腦中一直出現，就是因為這個機制已經崩潰了。

重新控制杏仁核的方法

「老是想一些令人擔心的事。」

「無法擺脫煩惱和負面思考。」

只要能改善大腦疲勞，即使煩惱的原因沒有化解，大腦也不會再輕易發出「不安警報」，不會因為一些小事就引發不安或擔憂。

那麼，有哪些方法可以改善大腦疲勞呢？其實就是「調整」身心狀態。

具體來說，有睡眠、運動、晨間散步與放鬆等方法。

- 七小時以上的高品質睡眠。
- 每天都要健走二十分鐘，再加上一週二到三次四十五分鐘以上的中強度（暢快流汗）運動。
- 藉由晨間散步活化血清素，調整生理時鐘。
- 生活規律，避免熬夜（不要打電動或追劇到深夜）。

各位或許會感到疑惑，真的只要這樣就好了嗎？事實上，只要做到這幾點，身心就會相當均衡。

經常感到不安或憂慮，心有煩惱的人，最該先做的是「晨間散步」。因為晨間散步可以活化血清素。

晨間散步的效果非常好。**「日照」、「韻律運動」、「咀嚼」都能活化血清素。**早上沐浴著晨光散步十五分鐘左右，之後細嚼慢嚥吃早餐，就能夠充分活化血清素。

如果只是輕微大腦疲勞，不需要數個月，只要持續晨間散步一週，腦中出現「不安」的次數就會明顯減少。即使一週只有兩、三天晨間散步，去做就會有效。

「陽光」是啟動大腦內部血清素工廠的訊號。因為身體不舒服而睡到中午（整天在家）的人以及完全不出門的遠距工作者，腦中的血清素工廠不會啟動，最終會導致血清素不足。

請看接下來的「身心狀態不佳的徵兆評估表」。

若你符合其中的幾項，代表你可能有「大腦疲勞」與「血清素不足」的傾向。很可能是因為血清素不足，才讓你陷入「煩惱」的負面連鎖反應。

若是已經有「大腦疲勞」的狀況卻放著不管，很容易會演變成憂鬱症等精神疾病，甚至造成不可逆且難以治癒的狀態。只要改善生活習慣，輕微的大腦疲勞立刻就會好轉。

睡眠、運動、晨間散步、規律的生活、放鬆等生活習慣改善，乍看之下與化解煩惱無關，實際上卻有著密切的關聯。

也就是說，只要「調整身心狀態」就很有可能改善大部分的煩惱。請從自己做得到的部分開始一一實行，調整自己的身心狀態。

身心狀態不佳的徵兆評估表

□經常覺得不安、擔憂。
□腦中負面的想法揮之不去，無法切換思考。
□常常不小心犯錯，忘東忘西。
□早上起床覺得痛苦，不想去工作。
□思考像鬼打牆一樣原地轉圈。
□煩躁易怒。
□疲勞無法恢復，容易感覺疲憊。
□晚上睡不好，沒有睡意，一直醒來。
□白天有睡意。
□食慾異常強烈，無法控制。
□無法放下電玩或戲劇。
□大量飲酒、吸菸。

2 從「無法行動」轉變爲「能夠行動」

你可以改變哪些地方？

想像你家的院子裡有一顆巨大的岩石和十顆小石子。

為了改善院子的景觀，需要移走這些石頭。這時，絕大部分的人會把注意力放在那塊最大的「巨石」上，拚了命想把它挪開。

然而「巨石」可不是那麼輕易就能移開。這會讓你不知如何是好，因此消耗了許多精神能量。

其實，地上還散落著許多馬上就能移開的小石子。你可以先試著移開離你最近的那顆石子，接下來再拿走一顆。不到一個小時，就能把十顆小石子都移開。你的院子看起來也漂亮多了。

巨大的岩石，是你無法控制的事情；小巧的石頭，是你能夠控制的事情。

首先，請從你做得到且能夠改變的部分開始行動。小石頭可以輕鬆移除，因此

就從它們開始行動吧。

假設破壞院子景觀的原因有五〇％是「巨石」，剩餘五〇％是「小石子」，那麼只在意「巨石」的人，不論過了幾小時都無法改善狀況。然而，注意到「小石子」的人只要花一小時就能改善五〇％的狀況，短時間內大幅美化了景觀。

以國高中的考試來比喻，就是「從會的題目開始作答」。不過，成績愈差的人，愈會從第一題開始寫，在較難的第二題就耗盡時間，最後五題完全來不及作答，考試時間就結束了。只要「從會的題目開始作答」，應該不會出現這種錯誤。

對於你面臨的「問題」或「煩惱」，一定有現在能做到的事。

「搜尋」、「查詢書籍」、「找人商量」、「重新設定煩惱」……你有沒有試著從其中一項做得到的開始行動呢？

那顆巨大的岩石，我們又該拿它怎麼辦呢？請人來幫忙，試試看十個人能不能搬動它，或是借推土機來搬。若是無論如何都移不出去，還可以把它當成庭院造景的一部分。

先從「小問題」和「做得到的事」開始解決，行有餘力時再來處理「大問題」就好。

【促進行動的關鍵句】在可能範圍內一件一件完成做得到的事

做不到的事是無法採取行動的。我們只能將自己做得到的事付諸行動。然而，由於單位與目標過大，許多人都無法行動。

英語有一個俗語「baby steps」，直譯是嬰兒學步，**意思是將一個較大的目標分解成小目標，就比較容易行動。這也是行動時的基本法則。**

老實說，各位的目標都太高了。憂鬱症患者常會說自己以「治好憂鬱症」為目標，但當我詢問「那你為治好憂鬱症做了什麼？」每個患者都啞口無言。

因為他們並不知道該做些什麼才能「治好憂鬱症」。

結果就是什麼也沒做，當然憂鬱症也沒有治好。

我們可以把目標重新設定成「今天要晨間散步十五分鐘」。

早上起床後在一小時內梳洗穿戴完畢，散步十五分鐘。

這樣的目標似乎可以完成，對吧？如果無法散步十五分鐘，那五分鐘就好。今天的目標就是「早上散步五分鐘」。

為了「治好憂鬱症」，我們有許多該做的事，仔細分類可以分成「定期回診」、「按時服藥」、「信任主治醫師」、「與主治醫師商量」、「保持七小時以上的睡眠」、「定期運動」、「規律生活」、「不睡到中午」、「不熬夜」、「戒酒」、「悠閒度日（不要一直想令人不安的事）」、「擁有較多放鬆時間」、「不急於回到職場」等等。

其中如果有還沒做到的事，就一項一項從做得到的開始行動。

這就是「在可能範圍內一件一件完成做得到的事」。

目標設定得愈大，愈容易無法行動。無論是多懶散的人都有做得到的事，只要在自己做得到的範圍內去做就好。

目標過大的人會難以付諸行動，反而容易因為「今天也做不到」、「今天也什麼都沒做」導致自我肯定感下降。

把做得到的事當成目標，當每天的目標達成，就能確實累積成果，進而擁有自信，自我肯定感也會升高。

在可能範圍內一件一件完成做得到的事。只要做到這點，就會一步一步向前，擺脫「停滯與停止」。

不需要勉強自己，只要將「做得到的事」慢慢擴大，慢慢增加就好。

專注於現在做得到的事

「我這一輩子都要吃藥嗎？」

這是我遇過非常多次的提問。我想，這個提問的意思應該是：「五年後、十年後，我還是必須持續吃藥嗎？」不過，現在就擔心十年以後的事，到底想要拿它怎麼辦呢？

最該優先處理的事，是盡量改善現在的疾病症狀，對吧？今天一天都能過得舒服才是重要的。連續三十天「一整天都不舒服」的人，三個月後也不會恢復健康有活力。

許多患者都會滿心擔憂未來，煩惱「一年後我能回到職場嗎？」、「十年後能不用吃藥嗎？」

那麼，他們現在已經做到該做的事了嗎？事實上是一件也沒做。

要是有餘力擔心未來，更應該把大腦的資源用在最近的擔憂上，例如「明天早上至少要晨間散步五分鐘」、「現在做得到的事」、「今天做得到的事」、「明天做得到的事」等等。

大腦的托盤只有三個。當你腦中盤據的是「現在好難受」、「一年後我能回到職場嗎？」、「十年後能不用吃藥嗎？」，這三個憂慮就會把工作記憶區塞滿。

如此一來，當然會完全無法思考，也沒辦法採取行動。許多人就是這樣擔心著「現在做不到的事」，因而消耗了時間與精神能量。

集中精神在現在能做的事情上，現在做不到的事先「保留」。行有餘力時再來思考與行動。這樣做就不會太遲。「這件事」和「那件事」都想做的人，最後總是什麼也沒做，永遠停在原地不動。

採取行動，不安的情緒就會消失

為什麼我們必須行動？因為行動可以讓杏仁核平靜下來，從源頭阻絕過度的不安與憂慮。

杏仁核的功能原本就是「察覺危險」。舉個例子，遇到猛獸時，杏仁核會亢奮，促使正腎上腺素分泌。正腎上腺素會活化大腦，讓注意力與判斷力在一瞬間到達巔

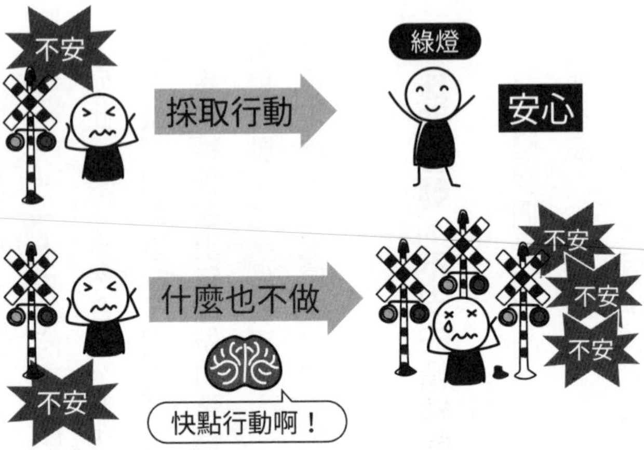

行動會讓不安平復的理由

峰，瞬間就能判斷現在要「戰鬥」還是「逃跑」。當大腦判斷「很危險，快逃」時，我們就會一溜煙地逃跑。

如果停在原地發呆而沒有逃走，會是什麼下場呢？可能會被猛獸攻擊而死亡。因此，杏仁核發出「砰、砰、砰」的強烈警報，身體分泌出更多正腎上腺素，強化「不安」與「恐懼」，促使我們「戰鬥」或「逃跑」。當我們逃離那隻猛獸，杏仁核才會停止警報，平靜下來，不安與恐懼也會平復。

行動會讓不安的情緒平復。如果什麼都沒做，不安與恐懼就會變強。這是大腦的機制。

然而，這世上有許多人都像羅丹的

「沉思者」一樣關在房間裡，因此不安會愈來愈強烈。以腦科學的觀點來看，這是十分理所當然的現象。但是絕大部分的人卻做出「什麼都不做」這種最不適當的選擇，因此「煩惱」才會愈來愈嚴重。

只要採取行動，不安就會平復，煩惱也會跟著化解。

【消除未來不安的關鍵句】為了避免這個狀況，現在能做些什麼？

話雖如此，還是有人會說「我很擔心未來，無法集中精神做現在能做的事」。許多人會被過去困住，另一方面，太在意未來而陷入不安的人也不少。我在第二章「把自己的頻率調到『現在』吧！」介紹了「擺脫過去的最強關鍵句」，接下來，我要介紹「消除未來不安的關鍵句」，幫助各位把自己的頻率從「未來」調到「現在」。

「要是得了失智症該怎麼辦？」

▼「為了避免這個狀況，現在能做些什麼？」

▼「今天能做些什麼？」

▼「我自己能做什麼？」

運動可以預防失智症，因此我們知道可以「每天晨間散步十五分鐘」。當我們實踐了「應對方法」，就會感到安心。會陷入不安，就是因為從來沒有採取任何行動預防失智症。只要你知道自己確實採取行動預防失智症了，不安就會減輕。

「對老後的資產感到不安。」

許多人都對將來的資產感到不安或煩惱。但詢問他們「為老後的資產做了什麼準備？」往往得到的答案都是「什麼都沒做」。身上的錢全都存在銀行，完全沒有投資理財。因為「什麼沒不做」，當然會感到不安。

「對老後的資產感到不安。」

「為了避免這個狀況，現在能做些什麼？」

▼要先學習關於金錢的知識，試著閱讀一本介紹理財的書籍。

▼從一百圓就能開始的低門檻投資開始嘗試。

多學習金錢的事，就能夠控制金錢。至少，你會得到「可控感」，不安就會減輕。即使沒有幾千萬的存款，還是能消除對金錢的不安。

消除未來不安的關鍵句

爲了避免這個狀況

現在能做些什麼？

今天能做些什麼？

我自己能做些什麼？

3 爲了化解煩惱，請戒掉這些習慣

「過度使用手機」、「熬夜」、「喝太多酒」、「說人壞話」、「關注壞事」

先前的章節詳細介紹了內心有煩惱的人應該做的事，除此之外，為了「化解煩惱」，有些事情是不能做的。

這些事就是「過度使用手機」、「熬夜」、「喝太多酒」、「說人壞話」、「關注壞事」。無法化解煩惱的人，多半都做了其中一種，或是幾乎每一種都做了。

這些事都會讓大腦疲勞更加嚴重。如果不能立刻戒掉，不論再怎麼努力「改變觀點」或「言語化」，煩惱還是無法化解。

切換「想法」與「心理」不是容易的事，改變行為與生活也不簡單，但是只要去做，就一定會有效果。而且是立即見效。

請戒掉以下的五個「壞習慣」，轉換成「好習慣」。切換得愈徹底，你解決問題的能力就會愈高，人生也會愈來愈好。

①好習慣：正確閱讀，提升讀解能力
壞習慣：誤讀、令自己不安的閱讀方式

前面在第三章提過，「搜尋」與「閱讀書籍」可以幫助我們輕鬆找到應對煩惱的方法。那麼，實際上有多少人透過搜尋與閱讀書籍來解決問題呢？我在自己的X平台上做了調查。

調查的結果跟我的預測完全相反。我原本認為會用搜尋與閱讀來解決問題的人大概會是二到三成，結果卻是相反的，有七到八成的人都會利用搜尋與閱讀來解決問題。

這樣的結果代表什麼呢？本書的開頭曾說過「有八成的人無法化解煩惱」。也就是說，雖然有七到八成的人會搜尋與閱讀，卻無法化解煩惱，也沒有解決問題。這真是令人遺憾。

這時，我腦中閃過的疑問是「或許有很多人無法正確閱讀書籍」。

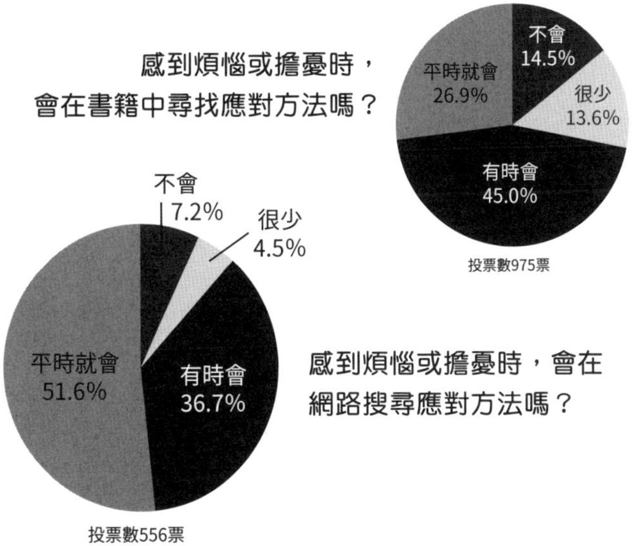

有多少人會用搜尋或閱讀解決問題？

「正確閱讀」的定義，是符合以下條件的閱讀方式。

- 根據文法，以正確的方式閱讀。
- 按照作者試圖表達的文脈閱讀。
- 不扭曲作者的意圖。
- 不要有先入為主的觀念或刻板印象，以中立的觀點閱讀。

我把這種閱讀方法稱為「正讀」。有許多人雖然「精讀」了書籍，卻沒有做到「正讀」。

沒有正確理解書籍的內容，讀了再多本書也沒有意義。若是將錯誤的理解付諸行動，反而還會有負面效果。

有時，我的著作的日本亞馬遜頁面會有讀者留下一星評價，這些一星評價留言有些會讓我覺得「我並沒有在書裡寫這種內容」。事實上，這些讀者是以完全相反的方向理解作者的意圖，甚至因此而火冒三丈。

以先入為主的觀念閱讀，也會讓我們只能用自己的刻板印象理解書中內容，無法得到任何新的知識，也無法自我成長，反而會帶來負面效果。

在X上觀看議題討論，也會時不時看到有些人專門攻擊對方發言中的枝微末節。只要用一般的閱讀能力理解對方的發言，應該就不會演變成毫無意義的議論。在X上，許多人都戴著「情緒化」的有色眼鏡，因此無法正確閱讀別人的言論。

根據經濟合作暨發展組織（OECD）執行的「國際學生能力評量計畫」（PISA 2018）報告，日本十五歲青少年的閱讀能力排在第十五名，比前一次調查時的第八名大幅下滑。

「我做了網路上的發展障礙評量表，有三個項目符合。想到自己可能是發展障礙，就擔心得不得了。」

之前的章節提到過，現在有很多人擔心自己可能有發展障礙。

舉例來說，許多網站都會介紹注意力不足過動症（ADHD）的診斷基準（DSM-5）。在這份評量表中列舉了十八個症狀，必須要有六項以上符合才能懷疑是ADHD。

那麼，「有三項符合」會是ADHD嗎？

以一般的理解能力閱讀，會發現「需要六項以上符合，因此只有符合三項的人不是ADHD」。

附帶一提，每個人做這份量表本來就會有兩、三項符合。

若能正確閱讀同一篇文章，應該能理解「自己不是發展障礙」，但有些人的理解卻完全相反，因此陷入不安與恐慌。這其實是錯誤閱讀帶來了「煩惱」與「擔憂」。

搜尋與閱讀是化解煩惱和不安非常有效的方法。不過，以錯誤的方式閱讀或理

解，會增加不安與憂慮的來源，讓煩惱更加嚴重。這根本是本末倒置。

隨著智慧型手機與網路的普及，每個人都可以在一瞬間接觸到「重要資訊」，這是一個美好的時代。

只要做到正確閱讀，正確理解，不安與憂慮就會減輕，也能掌握應對方法，立刻開始化解煩惱。

首先，先養成閱讀習慣，培養理解能力吧！乍看之下很難，但其實有一個方法可以輕鬆提升理解能力。

這個方法就是「讀完書就寫感想」。**用這個方法，即使只讀三本書，理解能力也會提升。**

我在自己的著作出版時，都會舉辦募集新書閱讀感想的活動。第二次、第三次投稿的讀者，精讀能力會有壓倒性的提升，寫作與表達的能力也有大幅進步，判若兩人。

請記得，讀完書就寫感想。首先，各位可以試著寫寫看本書的感想。

別藉由搜尋增加不安

長時間使用智慧型手機，以及常常在網路上搜尋的人，有些會專注於收集「令人不安的資訊」與「負面訊息」。

其實，比起令人感到幸福的正向訊息，網路上的訊息（新聞等媒體消息也是）原本就是以負面資訊與令人不安的新聞占壓倒性多數。

這是因為網路商務的其中一種商業模式，就是建立在發送資訊以獲得更多點閱，收取廣告收益或服務費用。

人本來就有大量收集負面資訊的「負面本能」（認知偏誤），**因此為了賺取點閱數，網路上自然會有愈來愈多「引發不安的內容」**。

資訊不足會令人不安。因此，不安的人會想搜尋資訊，這是十分理所當然的心理。然而，若是收集到「令人不安的資訊」，就是本末倒置了。

資訊必須以中立的方法收集。事實上，感到不安的人只要收集「令人安心的資訊」就好。不過，網路上除了「負面資訊」之外，同時也充斥著許多「不正確」、

「引發誤解」的資訊。

結果就是我們在搜尋資訊時接觸到「片面資訊」，接著就因為「負面本能」（認知偏誤）而在潛意識下收集了許多令人不安的資訊。

我個人不建議不安情緒強烈的人漫無目的地在網路上搜尋，更推薦閱讀書籍。

一本好書會用均衡的比例寫出事物的正面與反面。

讀書能提升解決問題的能力與心理韌性，對身心的健康都有幫助。

有閱讀習慣的人，在煩惱、困擾時，會知道「讀書可以化解問題」。因此他們會藉由讀書快速找到有效的應對方法，立刻付諸行動，化解煩惱。

說到這裡，往往會有人反駁：「心理狀態很脆弱時怎麼讀得下書？」

若你已經陷入深深的煩惱，出現大腦疲勞或精神疾病之後才開始閱讀，或許十分困難。因此，在平常的「健康狀態」就要培養閱讀習慣。

讀過幾本類似本書的解決問題方法書後，感到困擾時就會想起「那本書有提到應對方法」，或許能在一瞬間化解問題。

②好習慣：發呆

壞習慣：資訊過多、過度使用智慧型手機

我認為，「過度使用智慧型手機」是造成煩惱的最大原因。

在職場到了休息時間，有許多人會立刻看手機。這是絕對應該戒掉的壞習慣。

據說人類的腦會使用八〇至九〇%的資源來處理視覺資訊。你在做文書工作時，也會因為使用電腦與製作資料而過度使用「眼睛」與「視覺」。

大腦與眼睛因為處理視覺資訊而疲倦，到了休息時間又要看手機，不但沒有得到休息，疲勞還不斷累積。這就像讓一匹馬在比賽上全力疾馳過後還鞭打牠一樣。

然而，不論我走到哪裡，觸目所及就是每個人都在看手機看得入迷。

請各位要更常發呆。

「發呆」在腦科學方面非常重要。

沒有在執行作業的「發呆狀態」，會讓我們腦內的「預設模式網路」（DMN）積極發揮作用。

「預設模式網路」可以說是「大腦的待機狀態」。

在這種待機狀態下，大腦會模擬你將來可能遇到的事，整理並統合過去的經驗與記憶，分析現在的狀況。大腦會在想起各種印象與記憶的同時，做出「讓自己的未來更好的準備」。

大腦在你沒有意識到的時候，也會在潛意識中用各種方式解決問題。

實際上，各位應該也有在發呆時突然想起「該做某件事」的經驗。這就是「預設模式網路」在解決問題。

只要偶爾發呆，「預設模式網路」就會設法化解你的煩惱。

「預設模式網路」是你的煩惱自動解決裝置。所有人都具備這個美妙的裝置與能力，但過度使用手機卻會讓「預設模式網路」沒有空閒時間得到活化。

請試著在休息時間發呆，在電車裡發呆，在藍天下的公園長椅上發呆。請有意識地、積極地發呆。

也可以在休息時間或在搭車時告訴自己：「我要活化『預設模式網路』！」如果能切換思考方式，就能積極地創造「發呆時間」。

對我來說，桑拿浴是最棒的「預設模式網路」活化時間。洗桑拿時，在泡完冷水之後的十分鐘休息時間，總能讓我得到意想不到的珍貴「靈感」。

「發呆」並不是浪費時間，而是一石二鳥，甚至是一石三鳥的時間使用法。

想解決煩惱，先放下手機

若各位真的想解決現在心中的煩惱，就該先放下手機。如果沒辦法完全戒掉，也應該將使用手機的時間控制在一天兩小時以內。

至少應該做到以下這幾點。

- 不在工作休息時間看手機。
- 不在搭車時看手機。
- 不把手機帶進浴室。
- 不在吃飯時碰手機。
- 不把手機帶進寢室。

你需要發呆的時間。

發呆時，你的大腦疲勞會迅速恢復。愈少用智慧型手機，化解煩惱和解決問題的能力就愈高。

尤其是睡前兩小時，絕對必須避免使用手機。智慧型手機的藍光波長與早晨的藍天相同，晚上看手機會讓大腦誤以為「現在是早上」，並迅速抑制引發睡意的「褪黑素」，讓我們睡意全無。

接著，身體還會分泌出早上才會分泌、讓全身活力充沛的「皮質醇」，使大腦與身體都進入「接下來要好好工作」的備戰狀態。

在這種狀態下用手機接收到「令人不安的資訊」，會令杏仁核亢奮，當然無法睡好。

一般來說，深度的睡眠可以改善大腦疲勞。

睡眠品質不好時，大腦疲勞當然會惡化。《拯救手機腦》這本書在日本十分暢銷，事實上，「手機腦」換句話說就是「不安腦」。

對於陷入不安腦的人，「改變觀點」與「言語化」不會有效果。

反之，只要遠離手機，你的煩惱或許就能化解九成。至少不安、憂慮與負面情緒都會大大減輕。

③好習慣：規律生活
壞習慣：熬夜

你需要的不是「興奮」，而是「放鬆」

打電動或追劇直到深夜，是壓力大的人常見的共通行為。

這些行為會讓大腦亢奮，躺進被窩之後也無法馬上入睡，會讓人「睡眠不足」。睡眠不足會使大腦疲勞惡化，增加壓力，讓你的煩惱無法化解。

壓力愈大的人，愈容易沉迷於電玩與追劇，這是為什麼呢？

工作忙碌或因為人際關係而煩惱的人，回到家時身心都已經非常疲憊，沒有力氣運動或閱讀。

不過，打電玩或追劇即使是疲累時也做得到。而且，沉浸在電玩或戲劇中時，就不會去想「討厭的事」。因此愈是壓力大、感到疲憊的人，愈會沉迷於電玩或追劇。電玩與戲劇是逃避「煩惱」的絕佳手段。

但我並不是說電玩與戲劇不好。我自己也非常喜歡 Netflix 和 Amazon Prime

Video。如果看的時間能控制在一天兩小時以內，我認為它算是「令人愉快的娛樂」。

不過，電玩和戲劇會有成癮性，無法輕鬆戒除。長時間持續打電玩、追劇，會讓大腦更加疲勞。

有些人會反駁說「這只是在轉換心情」，不過，打電玩與追劇的「快樂」會讓身體分泌多巴胺與腎上腺素，進一步帶來亢奮感。

包括柏青哥等賭博類遊戲在內，令人亢奮的娛樂可以偶一為之，不過，當大腦疲累時，我們真正需要的是「放鬆」。

熬夜對健康非常不好。生理時鐘偏移不但會影響心理健康，也會提高各種生活習慣病的風險。前一天的疲勞也無法好好恢復，使人身體狀況不佳。

請保持規律生活。**所謂的規律生活，指的是每天都在同樣的時間就寢，同樣的時間起床。建議睡眠時間要有七個小時以上。若不足六個小時，就是睡眠不足。**

當你想藉由打電玩與追劇紓解壓力時，它們反而會讓你睡眠不足，大腦更加疲勞，壓力也隨之增加。請好好正視這個事實。

④好習慣：戒酒、適量飲酒
壞習慣：大量飲酒

感到壓力的人最容易做出的行為，就是喝酒。

我曾在X舉辦投票，主題是：「想紓解壓力就必須喝酒嗎？」有二九．三%的人回答「是」。也就是說，有三成的人把喝酒當成紓壓方法。

不過，我要請各位記住一件事。

喝酒不但無法化解壓力，還會增加壓力。

飲酒會讓睡眠品質變差，睡眠時間會縮短，還會淺眠。

每天都喝酒還會讓壓力荷爾蒙增加。以生物觀點來說，壓力會明顯增加。

心情低落時，為了轉換心情而喝酒，完全是錯誤的選擇。每天喝酒還會讓處理問題的能力下降，應對壓力的能力也會變低。

喝酒完全無法幫我們紓解壓力，可以說是百害而無一利。

我認為酒確實可以當溝通時的潤滑劑，不過，若是想恢復大腦疲勞，還是回家好好睡一覺比較有效。

請不要再為了逃避壓力而喝酒。

不戒酒，疾病不會好

對於正在治療精神疾病的患者，我會告訴他們「不戒酒，病就不會好」。

只要喝酒，睡眠品質就會變差，精神疾病也會惡化。

不過，如果是每天都要喝的患者，即使要求戒酒也幾乎沒人做得到。就算是要求減少喝酒量、適量飲酒，在我的經驗裡能做到的人也非常少。

每天都喝酒的人，請立刻在一週內安排一天完全不喝酒的日子（休肝日）。接著把休肝日增加到一週兩天（盡量安排兩天連續不喝）。不要每天喝，可以減少酒精對大腦的傷害，還可以切斷造成酒精成癮的「飲酒需求」，進而減少飲酒量。

「喝酒可以紓壓」是大錯特錯！事實上，飲酒不但無法紓壓，還會增加壓力。請好好正視這個事實。

⑤好習慣：關注好事
壞習慣：關注壞事

建議每天寫三行好事日記

假設在一天中發生了十件事，其中五件是「快樂」的正面事件，剩餘的五件是「痛苦」、「難過」、「辛苦」的負面事件。

當一天結束時，你必須想起三件事，你會想起哪三件事呢？

想起三個正面事件的人，會覺得今天「好快樂」，「是幸福的一天」。

想起三個負面事件的人，會認為今天「好痛苦」，「是糟糕的一天」。

即使度過相同的一天，有人覺得「幸福」，也有人會覺得「很糟糕」。

關注負面事件的人，即使化解了一個煩惱，也會像選舉時的遞補一樣，由另一個煩惱上來填補空缺，終其一生都無法化解「煩惱」與「痛苦」。

為了從煩惱中解脫，幸福地度過人生，我們必須改掉「關注壞事」的習慣，改為「關注好事」。

只要能夠關注好事，即使現在的煩惱沒有化解，我們還是能在每天的生活中感到「快樂」、「喜悅」、「受到別人的支持」、「受人仰慕」、「被愛」，能夠看到許多積極的面向。

你並不是只有「短處」、「缺點」、「自卑」。

你也擁有「長處」、「專長」、「才能」，還有「無限的可能性」，卻因為太過關注壞事，才完全看不到自己的優點。

別再「關注壞事」，學著「關注好事」。只需要這個觀點轉換，「不幸的每一天」就會變成「幸福的每一天」。

三行好事日記就是一種幫助你不再「關注壞事」的方法，在一天的最後寫出今天發生的三件快樂的事（方法請參照二七五頁）。

只要持續寫一個月，「關注壞事」的習慣就能改善許多。

言語化的魔力

【讓負面變成正面的魔法切換句】

不再「關注壞事」的方法，是戒掉「負面言語」，盡量多說「正面言語」。當負面與正面言語的比例達到一比三以上時，幸福度就會升高。

不過，有時我們會不小心說出負面言語。以下介紹三個在說出負面言語後能將負面轉化成正面的「魔法切換句」。

1 抵銷一切負面話語的連接詞「話雖如此」

「絕對做不到！」萬一你不小心說出這句話，請先試著加上「話雖如此」。

「話雖如此，還是可以在做得到的範圍內試試看。」

「話雖如此，還有沒有別的能做到的事呢？」

一定能營造出讓自己說出正面言語的情境。

2 擺脫過去的最強金句「那是一回事」

不只是過去，連不小心說出的「負面言語」也能一併抵銷。

不小心說出「真不知道該怎麼辦，討厭！」時，請先試著加上「那是一回事」。

「那是一回事，先查查看應對方法吧。」

「那是一回事，我肚子餓了，先去吃飯吧。」

這句話可以用在轉換思考、轉換心情與轉換狀況，用途十分廣泛。

3 逆接的連接詞「但是」

「但是」是找藉口時會用的詞，或許各位對它有不好的印象。

「好想去看今天最後一天上映的電影，但是工作很忙，還是不要去吧。」

像這種「積極內容＋但是」的用法並不理想。

不過，「消極內容＋但是」就能轉換狀況。

「我就是沒用！但是現在只能努力了！」

「我就是沒用！但是只有這次我會拚！」

「但是」是逆接強度很強的詞彙，因此，當我們試著說出「消極內容＋但是」，之後就會很容易說出「強烈的正面話語」。

關注壞事的人經常用「但是」來找藉口，因此對它不陌生，或許會比較方便運用。

類似的還有「就算是這樣」，也是一種不錯的用法。

「好想死，就算是這樣，我還是活著。」

「我不想吃精神科的藥，就算是這樣，為了把病治好還是得吃。」

不小心說出絕望的話語時，「就算是這樣」可以一口氣扭轉氣氛。

或許各位會懷疑「光是使用切換句，就可以戒掉關注壞事的習慣嗎？」其實，你之所以會有「使用切換句」的念頭，就是因為你內心有強烈的意識，希望能「不再關注壞事」。當你能夠一直意識到這件事，就代表你已經切換到「關注好事」了。

讓負面變成正面的魔法切換句

話雖如此

那是一回事

但是（就算是這樣）

最終章　讓煩惱消失的終極方法

相信有些人即使讀到這裡，把本書中的方法付諸實踐，心中的煩惱還是沒有消失。接下來，我要把最後的絕招「讓煩惱消失的終極方法」傳授給你。

◎讓煩惱消失的終極方法1：放下

一個人獨自煩惱，不知道該怎麼面對。即使跟人商量，狀況也沒有好轉。一直在試圖解決，卻無法改變現狀……這時，就放下吧。

許多人都對「放下」這個詞有負面印象。會有這樣的印象，或許是因為我們從小就聽父母和老師說「要堅持到最後，不能放棄」或「放棄就結束了」。

「放下」原本是佛教用語，從「看清」轉變而來。看清自己「做得到的事」與「做不到的事」，然後放下。或是放下「想要的東西」，指的是放下對物的「執著」與「堅持」。

放下可以讓我們的心靈自由。

「放棄」的日語是「諦める」，其中的「諦」這個字有「詳盡、明白、使其明白」、「真實、真理、悟道」、「吶喊、哭泣」的意思。這當中沒有一個是負面的涵意。

此外，日語還有一個詞叫「諦観」，指的並不是放棄自己過去追求之事物的遺憾心情，而是看清「做得到的事」與「做不到的事」。還有「看清事物的本質」，也就是到達「悟道的境界」。

「看清」指的是放下先入為主的觀念與執著，好好觀察。本書提到的「以中立的觀點觀察」，若能貫徹到極致，就能到達「放下」的境界。

放下不是「中斷」、「放棄」或「丟下」。

而是看清「做得到的事」與「做不到的事」。

本書也強調過好幾次，為了「做不到的事」或「完全無法控制的事」而煩惱，只是在浪費時間與精神能量。

真的「無計可施」、「無法解決」的事，再多的掙扎與努力都只會帶來痛苦。

「放下」是不再繼續煩惱，放下負面情緒，在情緒上做出區隔，走入下一個階段。這絕對不是負面的行為，反而非常積極正面，是讓煩惱消失的終極方法。

【邁出下一步的關鍵語】沒辦法

接下來，我要介紹三句適合在無論如何都無法放棄時使用的話語，用了它，就能讓過去發生的事和情緒告一段落。

「沒辦法」

各位可能會覺得這有點負面，不過只要是「否定話語＋沒辦法」就會得到「正面」結果。

「手機掉下去摔裂了！沒辦法，摔壞的螢幕已經沒辦法復原了，都用了三年，換一支新的吧。」

「工作上出現了虧損！沒辦法，已經造成的損失無法挽回，只能在下一項工作彌補了。」

也可以使用「算了」或「也是會有這種事」。

「手機掉下去摔裂了！算了，摔壞的螢幕已經沒辦法復原了，都用了三年，換一支新的吧。」

說「算了」的口氣要輕快一點，藉此打消失敗造成的陰沉氣氛，轉換心情。

「手機掉下去摔裂了！算了。也是會有這種事，買了新手機以後要趕快貼保護膜。」

「也是會有這種事」是接受、肯定現實的話語。「要是我再小心一點就好了」帶有的後悔情緒，是來自無法接受現實與否認的心理。「也是會有這種事」能夠將「否認」轉化為「接受」。當我們肯定現實，肯定自己，才能夠邁出下一步。

讓我們「放下」並邁出下一步的話語

沒辦法

算了

也是會有這種事

◎讓煩惱消失的終極方法2：停止、放掉

俗話說「三十六計走為上策」。

意思是「當形勢不利時，比起思索對策，不如乾脆逃走」，這句話有它的歷史背景。

中國魏晉南北朝的兵法書中有「三十六計」，是將兵法中的戰術分為六個系統，六個種類，共三十六個計策，其中的第三十六計就是「走為上策」。

書中是這麼寫的：「當無計可施時，逃走就是最好的計謀」。

當前三十五個計策都無法派上用場，毫無勝算時，就使用第三十六個妙計，趕快逃跑。勉強作戰又吃敗仗，只會賠了夫人又折兵。

這次先逃走，再重整態勢，增強兵力與軍備，下次能打勝仗就好。

乍聽之下似乎很理所當然，但幾乎所有的人都做不到。

學校教育與公司常常灌輸「別中途放棄！要努力到最後！」的觀念。就算是現在，仍然有很多組織無法脫離「毅力論」，主張應該以精神和毅力堅持到最後。

在課業和運動方面，馬上就放棄的確很令人遺憾。如果能跨越前方的高牆，就

會更加幸福，因為它正是成長的好機會。

不過，在現實社會與工作場合，當我們面對困難時，出乎意料地會有很多「無計可施」的狀況。如果在這種時候堅持「別中途放棄！要努力到最後！」會有什麼結果呢？

我曾經診療過許多在黑心企業工作而精神出現狀況的患者。他們都會說一句相同的話：「為什麼我沒有在生病之前辭職呢？」

愈是認真正直的人，愈無法中途離職。結果就是罹患精神疾病，甚至還會帶來「自殺」這種最糟糕的結果。

「停止」和「撤退」是很重要的。

公司開創新的業務，有時也會不順利，但初期投入資金較多，因此也難以中止，在不知如何是好的情況下，赤字愈來愈嚴重，陷入經營危機。像這樣，誤判了中止的時機甚至可能造成公司破產。

「工作很忙，人際關係又很糟糕，好想辭職。」即使有這樣的念頭，真的要下定決心「辭職」卻非常困難。我們對辭職不但有負面的印象，也會在意旁人的眼光，做出這個決定需要很大的勇氣。

這時，只要換個說法，把「辭職」改成「跳槽」就好。不要說「辭掉工作」，而是「為了下一段職涯而跳槽」，光是換句話說，就能讓負面的形象一口氣變得正面積極。

想要「戒掉壞習慣」或「戒菸」時，愈是在意，愈會想起香菸的味道，產生吸菸的衝動。

這時，請試著說「我要放掉壞習慣」、「我要放掉吸菸」。只要把「戒掉」改成「放掉」，就會發現心情不可思議地變輕鬆，令人覺得「只要放掉它就好」。

如果你真的被逼到「無計可施的絕境」，希望你能擁有「撤退的勇氣」。

這不是「放棄」，是「撤退」。

是為了下次再戰而做準備，即使現在輸了，只要下次能贏就好。

以棒球比賽來說，即使七局下半還是零比六落於下風，也有許多機會可以從當下開始逆轉。

◎讓煩惱消失的終極方法3：親切、感謝、奉獻

有一位患有精神官能症與失眠的患者問阿德勒：「我要怎麼做才能擺脫現在的痛苦？」

阿德勒是這麼回答的：「你要讓別人喜悅。要思考『我能做些什麼？我要怎麼做別人才會開心？』接著付諸行動。當你這麼做之後，悲傷與失眠就會消失，一切都能解決」。

信賴別人，對別人奉獻，藉此找到自己的一方天地。正如阿德勒說的「幸福的唯一方法就是對他人奉獻」，**在阿德勒心理學中，化解煩惱的終極方法就是「對別人奉獻」**。

從我自己三十年的精神科醫師經驗，加上回答四千個煩惱提問的經歷，我打從內心深處認為「對人奉獻才是最強的煩惱化解方法」。

心中有各種煩惱的人，往往無法信任別人，不但自我中心，還會以自己的利益為第一優先，總是希望別人為自己做點什麼。

我把這種人命名為「自私星人」，在英語圈，這種人叫做「索取者」或「搶奪

者」。

這種人目中無人，腦中想的都是自己，因此只會看到自己的缺點和不如人意的地方。「關注壞事」其實就是一種發現煩惱的能力。

自私星人會被人疏遠、討厭，在職場上會遇到許多反對意見，人際關係也不佳。因為他們只想到自己，會有這種結果也是理所當然的。

我在十三年前第一次將自己撰寫的書稿商業出版時也是個自私星人。

當時的我不論見到誰，都會拜託對方「請買我的書」、「請幫我推薦這本書」，現在回想起來實在非常丟臉。

不過，當時並沒有任何人願意介紹我的書。仔細想想，這也是理所當然的。不過，當時我滿腦子都是「好想推廣自己的書」，即使是這麼理所當然的事，我也完全無法察覺。

之後，我與其他的作者展開交流，先在自己的電子報上介紹了其他作者的書。接下來，其他作者與網路名人也都開始介紹我的書。

自己先「給予」，別人就會「回饋」。這就是心理學所說的「善意互惠」。

意識到對別人付出，能夠對他人奉獻且不要求回報，一切就會愈來愈順利。

只有一個方法能掙脫痛苦，
就是讓別人喜悅。
要思考「我能做些什麼」，
然後付諸行動。

——阿爾弗雷德・阿德勒（心理學家）

對人奉獻的腦科學

「對他人奉獻，一切就會順利。」

許多自我啟發書都會寫到這一點。

相信一定有讀者覺得很老套，不過，腦科學可以證明這個主張是正確的。

對他人奉獻，其實就是「待人親切」。當我們待人親切，就會分泌催產素。不只是我們自己，受到親切對待的人也會分泌催產素。

當對方分泌催產素，就證明對方對你的好感度提升。也就是說，對方會「對你有好感」、「想幫你加油」。

當我們受到親切對待，會想說「謝謝」，內心自然湧出「感謝之意」。說出「謝謝」時，身體會分泌腦內啡。腦內啡具有比嗎啡高出六・五倍的止痛效果，是能帶來「幸福感」的「腦內麻醉藥」，也是終極的幸福物質。

可以說，身體分泌腦內啡時，就會充滿幸福感。

當我們感謝別人時，不僅是我們自己，對方也會分泌腦內啡，充滿了幸福感。

被親切對待時，我們會表達感謝，自然也會親切待人，接著受到別人的感謝。

親切與感謝的循環，會引起催產素與腦內啡等幸福物質的「幸福連鎖反應」。

對人奉獻的祕訣

對他人奉獻，能夠讓自己與對方都充滿幸福。

當我們關注「對方的幸福」，不再聚焦於「自己的不幸」，就會完全不在意自己心裡的小煩惱。

即使我在這裡說「要對人奉獻」，或許各位一時之間還是不知道該怎麼做。其實，只要把「奉獻」代換成「親切」就很清楚了。

- 在太太提醒你之前，就把垃圾拿出去倒。
- 在職場看到影印大量資料的人，主動出手幫忙。
- 在路上遇到迷路的人，告訴他該怎麼走。

這些都是親切的行為，也是對別人的奉獻。

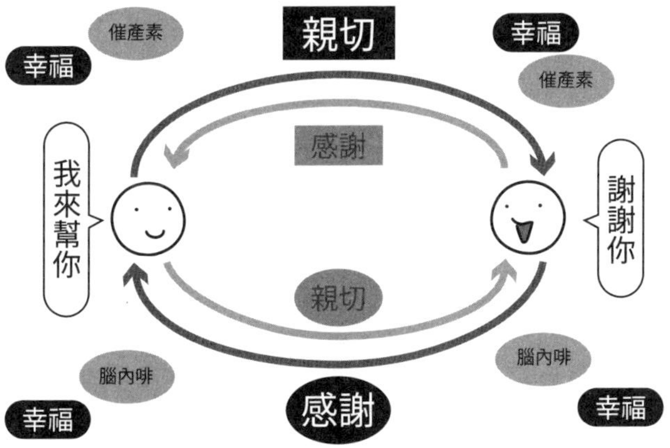

親切與感謝造成的幸福連鎖反應

並不是只有當志工或捐錢才算是奉獻。只要幫別人的忙，讓對方感到「有人幫我的忙」、「真開心」、「真謝謝你」就對了。

提醒自己親切待人，就會開始發生不可思議的事。

親切待人必須考慮「對方的心情」。一定要設身處地思考「這個人是否感到困擾」、「他好像很辛苦」並觀察對方的行動，否則無法做出親切的舉動。這無疑是一種「共鳴力的訓練」。

不再滿腦子只想著自己，待人親切。具備對他人奉獻的意識，我們就能從「自私星人」變身成「給予星人」。

這同時也是從「關注自己內在的壞事」轉換為「關注他人內在的好事」，是一種觀點改變。

親切、感謝、奉獻。

這些事並不簡單，但當你能夠很平常地做到，就能夠從煩惱中解脫，在正面情緒中幸福地生活。

言語化的魔力〔總結〕

	建議避免	建議實行
話語 WORD	· 不用言語表達 · 負面言論 · 講人壞話、誹謗、中傷、自責、責怪別人 · 笨蛋、去死、可惡 · 不找人商量	· 用言語表達 · 正面言論 · 給予勇氣、正面反饋 · 真棒！謝謝你！ · 找人商量
行動 ACTION	· 自私星人（索取者） · 只在意自己 · 過度使用手機、資訊爆炸 · 吸收負面資訊（收集令人不安的資訊） · 孤獨 · 不跟任何人談話 · 緊閉心扉 · 讓大腦疲勞的行為 · 堅持、執著	· 奉獻者（給予者） · 對人奉獻、待人親切 · 發呆 · 吸收正面資訊（收集令人安心的資訊） · 與人談話（溝通） · 打開心扉（自我揭露） · 恢復大腦活力的行為 · 放下、放手
基本 BASE	· 睡眠不足（六個小時以下） · 運動不足 · 熬夜、晝夜顛倒	· 充足的睡眠（七個小時以上） · 定期運動 · 規律生活
（最終結果） 情緒 MOOD	· 不安 · 緊張 · 悲觀 · 難過、痛苦	· 安心 · 放鬆 · 樂觀 · 快樂、喜悅

後記

謝謝各位讀到最後。

不知你的煩惱化解了嗎？若是本書能緩和你的負面情緒，「煩惱」也稍微減輕，我將會十分喜悅。

「言語化的魔力」的意義

「言語化」的魔力。

只要把煩惱「轉化為語言」，它就會消失，心情也會神清氣爽。

語言能帶給人勇氣，也能給自己勇氣。

語言帶有「強大的力量」，本書將它稱為言語化的「魔力」。

言語化是將自己的意見「轉化為語言」說出來，寫出來，傳達出來，明確表現出來，是人與人的溝通，是不論在私領域或工作，各種場面都可以使用的技巧。當我們能夠巧妙地將自己的「思緒」和「想法」化為語言，人生一定會開始往好的方向發展。

我在自己的著作《最高學以致用法》曾介紹過「輸出」（output）這個詞。在這本書出版之前，我們的日常對話幾乎不會出現「輸出」這個說法。

當我將「說」、「寫」、「行動」定義成「輸出」後，輸出就成為一種近在咫尺的事物。當大家理解輸出是商務場合不可或缺的技能，它就成為日本全國都接受的觀念。當我在居酒屋聽到後桌的一般上班族說「你要再多輸出一點」，不由得露出得意的笑。

本書介紹的是「言語化」這個詞。

將意念轉化成語言，我們就容易注意到它，容易採取行動。

與其說「把自己內心所想化為語言說出來或寫出來」，不如乾脆說「讓我們言語化吧」，不僅更加精簡直接，而且更容易付諸行動。

言語化會讓現實改變

情緒與思考沒有言語化就無法讓別人知道。言語化才會讓現實開始改變。

也就是說，當各位的言語化能力提升，大家在日常生活中理所當然地進行「言語化」，你的溝通能力，甚至是更多人的溝通能力都會從根本上提升。

有許多人都因為無法把內心的想法化為語言而吃虧。不過，我們沒有必要把內向改變成外向，只要提升自己的言語化能力就夠了。

即使只是少少幾句話，但是能夠在重要的時刻直接說出來，你的「表達能力」就會突飛猛進，人際關係會改善，在職場上也會有更好的評價。

「言語化」的魔力具有極大的力量。希望各位在日常生活與每天的工作場合，都要提醒自己「言語化」。

人會因為「話語」而採取行動

語言有力量。本書闡述語言有「打動人心並改變自身行動的力量」。因此，我在書中引用阿德勒等心理學家的名言，並介紹我當成口頭禪使用的幾句話。打動人心的話語會引起情緒共鳴，最終會讓人採取行動。情感受到觸動時，人才會採取行動。

我之所以想寫這本書，是因為最近只要走進書店，就會看到書架上都是大量引用科學根據的商業職場書籍，明確記載科學根據的書籍已經成為市場主流。我認為這是《最高學以致用法》帶來的影響，也是《最高學以致用法》之後商業書的主流。「科學論文」與「科學根據」可以自由引用，重要的研究當然會被多次引用，結果就是市面上出現了許多大同小異的書籍。

書中若有提出證據，就會比較有說服力。這種書當然是有必要存在的。不過在這個世界上，比起「邏輯」或「理論」，受到情緒驅使的人更多。

從講求科學根據到重視敘事的時代

相信有些人在讀了稻盛和夫的《生存之道》之後下定決心要「改變自己的生活

方式」。其實《生存之道》這本書並沒有引用任何科學根據，有的只是稻盛先生的話語與故事。也就是說，即使沒有科學根據，話語和故事依然能打動人心。

在精神科學的世界，有依照科學根據進行治療的「實證醫學」，相對地，也有主張應該多傾聽患者說話與敘事的「敘事醫學」，後者近年備受矚目。

醫界是否只注重科學與證據，輕視了每位患者的話語、故事、經驗與人格？在精神科醫師之間，產生了一股更加重視患者的「敘事」的風潮。

在我之前的著作《最高學以致用法》與《零壓力終極大全》中，所有的「TO DO」都有註明科學根據。平均每兩頁就會引用一次，堪稱是「科學實證書」。

在本書中，我刻意選擇不加入科學根據。實際上，本書也可以每兩頁就引用一次科學根據，但我故意不這麼做。

雖然書中還是留下了「杏仁核與不安」、「催產素」等內容，但是比起科學根據，本書其實是由我當精神科醫師三十年來的經驗，加上在 YouTube 上回答的四千個煩惱，提取出如濃縮果汁般「真實的話語」、「真正的話語」。

歷經新冠肺炎後，我們的思考方式與行動模式都有了很大的變化。在這個時代，「敘事」比「實證」更重要。「話語」與「故事」更能打動人心，具有讓人採取行動的壓倒性力量。

身為精神科醫師，我之所以決定現在撰寫「化解煩惱」的書，還有另一個理由。在新冠肺炎流行期間，人與人見面的機會減少，在這個溝通陷入危機的時代，「言語化」正是打破僵局的關鍵。

當言語化成為理所當然的習慣，我們的溝通就能更圓滑。人際關係改善，生活也更輕鬆。罹患精神疾病與身體疾病的人一定也會減少。

言語化的習慣普及，世上的「煩惱」減少。能夠快樂生活的人比以前更多，即便只有一個人也好。

本書若能帶來這些幫助，就是我身為精神科醫師最大的幸福。

精神科醫師　樺澤紫苑

參考文獻

- 《被討厭的勇氣：自我啟發之父「阿德勒」的教導》，岸見一郎、古賀史健。
- 《接受不完美的勇氣：阿德勒 100 句人生革命》，小倉廣。
- 《主管不說，但你一定要懂的50件事》，濱田秀彥。
- 《幸福就在你身邊　正向思考實踐指南》（幸せはあなたのまわりにある　ポジティブ思考のための実践ガイドブック，暫譯），須賀英道。
- 《大腦當家（最新增訂版）：12個讓大腦靈活的守則，工作學習都輕鬆有效率》，約翰．麥迪納。
- 《不輸給壓力的腦　找尋療癒心靈與身體的機制》（The End of Stress As We Know It，暫譯），布魯斯．麥克尤恩。
- 《「親切」是最好的養生之道》（Why Kindness is Good for You，暫譯），大衛．漢密爾頓。
- 《拯救手機腦：每天5分鐘，終結數位焦慮，找回快樂與專注力》，安德斯．韓森。

・《早上喚醒鬥志，晚上消除壓力的切換式大腦活化法》（朝やる気になり夜ストレスを消す切替脳の活かし方，暫譯），有田秀穗。

・《不可思議的3行日記健康法：每天10分鐘，拯救失衡自律神經2週見效！》，小林弘幸。

・《給予：華頓商學院最啟發人心的一堂課》，亞當・格蘭特。

・《真確：扭轉十大直覺偏誤，發現事情比你想的美好》，漢斯・羅斯林，奧拉・羅斯林，安娜・羅朗德。

・《改善九成的決定　潛意識訓練法》（意思決定が9割よくなる無意識の鍛え方，暫譯），茂木健一郎。

・《最高學以致用法：讓學習發揮最大成果的輸出大全》，樺澤紫苑。

・《零壓力終極大全：疫情時代必讀！精神科名醫親授，消除人生所有「煩惱、擔心、疲憊」的清單大全》，樺澤紫苑。

・《自造幸福：暢銷身心科醫師作家，教你三步驟具體實現身心健康、關係和諧、財富成功的最佳人生》，樺澤紫苑。

・《延長健康壽命的腦心理強化大全》，樺澤紫苑。

- 〈沒有心靈框架的世界－拜訪鈴木大拙館－〉岡村美穗子 http://h-kishi.sakura.ne.jp/kokoro-556.htm
- 〈新冠肺炎傳染病與心理療護〉新潟大學醫學部精神醫學教室 http://www.niigata-dp.org/corona/
- Tsutsumi et al, Prospective Study on Occupational Stress and Risk of Stroke, Archives of Internal Medicine. 2009; 169 (1): 56-61
- Karasek, R and Theorell, T, Healthy Work: Stress Productivity, and the Reconstruction of Working Life. Basic Books, 1990.

高寶書版集團
gobooks.com.tw

NW 291
90% 的煩惱，說出口就會消失
言語化の魔力：言葉にすれば「悩み」は消える

作　　者　樺澤紫苑
內頁插圖　たかしまてつを
譯　　者　劉淳
責任編輯　林子鈺
校　　對　藍匀廷
封面設計　之一設計
內頁排版　賴姵均
企　　劃　陳玟璇

發 行 人　朱凱蕾
出　　版　英屬維京群島商高寶國際有限公司台灣分公司
　　　　　Global Group Holdings, Ltd.
地　　址　台北市內湖區洲子街 88 號 3 樓
網　　址　gobooks.com.tw
電　　話　（02）27992788
電　　郵　readers@gobooks.com.tw（讀者服務部）
傳　　真　出版部（02）27990909　行銷部（02）27993088
郵政劃撥　19394552
戶　　名　英屬維京群島商高寶國際有限公司台灣分公司
發　　行　英屬維京群島商高寶國際有限公司台灣分公司
法律顧問　永然聯合法律事務所
初版日期　2024 年 09 月

國家圖書館出版品預行編目（CIP）資料

90% 的煩惱，說出口就會消失 / 樺澤紫苑著；劉淳譯.
-- 初版 . -- 臺北市：英屬維京群島商高寶國際有限公司臺灣分公司，2024.09
　面；　公分 .--

譯自：言語化の魔力：言葉にすれば「悩み」は消える

ISBN 978-626-402-061-9(平裝)

1.CST: 憂慮　2.CST: 心理衛生

176.527　　113011795

GOBOOKS
& SITAK
GROUP ©